U0030088

別讓離婚拖垮你的人生

伴隨一段結束的關係而來的，不僅僅只是心傷，
該如何爭取自己的權益，
妥善處理**夫妻婚後財產、孩子親權問題**，
更是關鍵，看懂相關判決、掌握法院審判原則，
別讓最親密的人傷你最深。

可道律師事務所 —————— 編著

夫妻離異、分配財產、取得未成年子女親權

不可不知的
身分法實務判決解析

當法律遇上觸礁的婚姻

　　臺灣的離婚率高，在我們的日常中，總不免聽聞誰離婚了、誰正在打親權官司的消息。有些人好聚好散，卻也有更多人為了未成年子女的親權、財產分配等問題，爭得不可開交，甚至為此決定隱忍，寧可繼續生活在一段痛苦的關係中，「既然我得不到應有的婚後財產／孩子的親權，你也別想得到自由！」但，這樣的結果，難道真是最好的結果？

　　當因婚姻結束所起的種種爭議，在面臨道德勸說、雙方協商等各種方式都無法得到妥適的結果時，法律便該當發揮它應有的功能角色，雖說「清官難斷家務事」，但就如臺灣大學法律學院名譽教授黃榮堅在他的著作《靈魂不歸法律管》中寫到：「生活中的規則並不都像是交通規則這樣簡單的技術性約定，而是有很多牽涉價值判斷思考在裡面……然而不管那個價值判斷問題有多麼困難，甚至即使是不可能的任務，理論上也終歸要有一個法律決定，因為即使不決定，事實上也是一個決定，而且是必須付出更沉重代價的決定。像是關於離婚後子女監護權的問題，如果不是法律可以做定奪，恐怕我們永遠都要看到離婚的父母親一人一邊拉扯著嚎啕大哭中的小孩。」

　　本書的寫作體例以法院判決為主，對一般人而言，總覺得這樣的文字頗有距離感，文白交雜，有一定的閱讀門檻；然而，直接刊登判決摘要，不做

二手轉譯，卻也是最容易讓人看見、能最清楚彰顯法官們在做下這些決定時，其中的價值判斷所在；而為什麼身陷離婚爭議的人們都應該要知曉這樣的判斷？一來是或許能站在一個超然跳脫的角度上，提醒當事人以客觀公允的方式看待自己的「無法放手」，是否真是就大局而言，相對來說，較好的堅持。再者，則是藉由理解法官心證，在自己所遭遇的僵局中，試圖找出一條突圍的路徑。

楊如玉（本書選書人、責任編輯）

作者序

風雨過後，天晴之前

　　還在學校當研究生的時候，家事事件法剛通過施行，我在因緣際會下參與了不少家事事件的學術研究過程，從旁領略人生百態；一直到自己開始律師生涯，更進一步接近真實現場，盡可能伴著我的當事人，走過衝擊和諸多莫可奈何，領略人情糾纏繾綣。親密關係中的苦衷與眼淚，有太多不能言說，也來不及言說的祕密，織就了家事律師的日常，但與其惆悵，經驗告訴我，面對人生的意外插曲，我們能做的，只有面對，然後跨越。

　　所以，可道律師事務所的幾位律師合作，整理家事事件當事人常見的問題，包括夫妻的身分關係、財產分配、父母子女、暫時處分、保護令等，希望將多年的實務經驗化作淺顯的文字，讓一般人可以從書中，不只是撩起了簾、瞅一眼他人的人生風景，也得到了一些對家事事件的基本認知，不一定是要「學以致用」，但這個認知的確能夠讓人擁有在親密關係中面對意外插曲的勇氣，或者讀者可以把它當作一種「底氣」，讓我們的貼心話，可以在你的心裡萌芽，在任何一個需要挺身而出的時刻，支持著你前行。當然，在這一路上，每個人歷經的風霜各自傷懷，擁有的選擇、遭遇的挑戰更是截然不同，司法實務也是如此，面對紛爭之動態變化，沒有誰的故事理所當然變成誰的結局預測標竿，但希望這本書會成為你心中最基本的「譜」，讓你和

律師的專業意見同行，早日望向另一個嶄新的彼端。

　　帶著這樣的理想，於是這本書寫於風雨過後，天晴之前。問題的解決可能是一段漫漫長路，無論這時候的你遭遇了什麼，我們都由衷希望，書裡不藏私的律師貼心話，可以陪伴你，走向晴天。

目錄

第五部／保護令篇

第一部

離婚篇

離婚原因爭議
——這樣可以離婚嗎？

說好不生孩子，婚後卻反悔，可以據此訴請離婚嗎？

　　蘇小姐婚前曾在醫院擔任護理師，因看到生產過程的痛苦，非常恐懼生小孩，遂與當時的男友趙哥相約婚後共享兩人世界、共度無子生活，沉浸熱戀甜蜜中的趙哥也應允蘇小姐婚後不生小孩。不料婚後兩年，趙哥不勝來自長輩的壓力，便不時以「爸媽都在催了啊，要給他們抱孫子」、「不生也行，我們去外面領養一個吧」邀請蘇小姐滾床單，蘇小姐遂不再避孕，以盡力達成公婆期待，卻因遲遲未能懷孕而身心俱疲……此夫妻雙方對於婚姻規劃、生育子女觀念的落差，是否足以動搖雙方婚姻互信、互諒的基礎？蘇小姐得否訴請離婚？

律師貼心話：

　　法院認為，趙哥雖曾於婚前承諾蘇小姐不生育子女，然婚後卻因父母之

期待而改變態度，此就雙方之婚姻規劃而言已屬重大之改變，且蘇小姐既已做出退讓，未再避孕，趙哥卻仍放任蘇小姐一人獨自承擔未能生育、來自夫家長輩之壓力，是以，蘇小姐主張雙方對於生育子女觀念之落差，足以動搖兩造婚姻互信、互諒之基礎，尚非無據。

臺灣新竹地方法院 98 年度婚字第 226 號民事判決摘要

主文：

准原告與被告離婚。

訴訟費用新台幣參仟元由被告負擔。

理由：

……（2）又被告於答辯狀中自承：「……妻子甲○○婚前說她不喜歡小孩，曾當過護理人員，看到生產的痛苦，因此她說怕生小孩，當時我們雙方在熱戀中，所以應允不生小孩，後來婚後兩年，本人家中父母的確希望我們生育小孩，妻子甲○○也不再避孕」、「在台中家裡，我母親曾詢問我妻子甲○○是否有吃避孕藥，因為我也在場，我們都說沒有在吃避孕藥」、「……如果真想懷孕，做人工排卵以及精子萃取受孕，應該很容易成功，但妻子甲○○問過一些人，知道打排卵針的痛苦，堅決不做人工受孕，所以本人也就不了了之了，我回台中家也主動告知我父母我的檢驗情形，讓他們不再唸唸不生小孩的事，然而我父母親觀念還是希望我們老的時候有人可以照顧，希望我們去

外面領養一個，本人也將父母的想法告知……」等語綦詳；參以證人即原告之姐乙○○到庭證陳：「（問：兩造婚後，是否會為生孩子事情意見不合？）答：婚前我有聽過我妹說她不生，也說對方答應，不過後來我有聽過他們為了這個問題有過爭執，但爭執深淺我不曉得。」等語（詳見本院 98 年 11 月 2 日言詞辯論筆錄），參以證人即被告胞妹丙○○亦到庭證稱：「（問：你們家族中，是否有姐姐精神方面的疾病？）答：一位姐姐有，但那不是遺傳，那是躁鬱及憂鬱症。」、「（問：你爸媽對於兩造沒有生孩子，有何想法？）答：希望他們生，回家會問問看何時要生，父母覺得生一個孩子比較好，沒生也就這樣。」、「（問：原告婚後大概多久回去婆婆家一次？）答：不定期。」、「（問：你哥哥對於生育孩子的事，有何想法？）答：也是想要生。」、「（問：你嫂嫂對於生育孩子的事，有何想法？）答：一開始應是沒有想生，不過後來我有聽說是有想要生。」、「（問：你認為嫂嫂為何要與哥哥離婚？）答：不知道。個性上可能覺得不適合，但我也不知道孩子是否也造成他們的問題，之前因生孩子我母親對我哥哥也給壓力，現在我弟弟生孩子了，母親比較沒有給他們壓力，也有可能聚少離多，我哥哥事業心比較重，壓力也比較大，有可能對家庭這塊比較忽略。」、「（問：哥哥壓力大，是否脾氣會不好？）答：哥哥比較悶。」等語（詳見本院 98 年 9 月 29 日言詞辯論筆錄）。顯見**被告確曾於婚前承諾原告不生育子女，然婚後卻因父母之期待而改變態度**，在原告退讓後，又未積極協助原告緩解與被告父母間就生育子女之歧見，任令原告一人獨自承擔未能生育，來自夫家長輩之壓力。

(3) 綜觀上開證據資料及被告、證人所述，被告確實多次於兩造發生爭執時，即向原告提出離婚，未適當顧及原告感受，有違夫妻相處之道。又原告身為護理人員，因擔心遺傳疾病問題而不願生育子女，而被告雖曾於婚前承諾原告不生育子女，然婚後卻因父母之期待而改變態度，然此就兩造婚姻之規劃而言屬重大之改變，無論原告或被告，理應格外重視、充分溝通；且原告既已做出退讓，未再避孕，但被告卻未能正視原告不願接受人工受孕方式，並置原告一人獨自承擔未能生育，來自夫家長輩之壓力，是以，原告主張兩造對於生育子女之觀念，足以動搖兩造婚姻互信、互諒之基礎，尚非無據。

……（三）綜上所述，本件兩造結婚後，長期為生育子女、金錢處理、夫妻共同財產規劃等事宜發生爭執，**被告均未能適當顧及原告之需求及感受，長期以來，已造成兩造婚姻生活之摩擦**，而被告又於兩造分居後，將保險受益人由原告改為法定繼承人，更足以動搖夫妻間之信任基礎，**影響原告對婚姻生活之期待**。衡之夫妻來自不同家庭，其成長背景有異，無法期待對方凡事盡如己意，惟仍應理性溝通，俾家中保持和諧，而兩造未育有子女，夫妻間之相互扶持、互信，及對夫妻未來共同財務方面之規劃，在兩造之婚姻中尤為重要。本件兩造因對婚姻財務的想法分歧，而屢起爭執，已如前述，亦難期有復合之可能，則兩造間之婚姻業因重大事由難以維持，且被告就此亦具有可責性，揆諸上開說明，原告自得訴請離婚。從而，原告依民法第 1052 條第 2 項規定請求判決離婚，自無不合，應予准許。

相　關	**民法第 1052 條**
法　條	夫妻之一方，有下列情形之一者，他方得向法院請求離婚：

一、重婚。

二、與配偶以外之人合意性交。

三、夫妻之一方對他方為不堪同居之虐待。

四、夫妻之一方對他方之直系親屬為虐待，或夫妻一方之直系親屬對他方為虐待，致不堪為共同生活。

五、夫妻之一方以惡意遺棄他方在繼續狀態中。

六、夫妻之一方意圖殺害他方。

七、有不治之惡疾。

八、有重大不治之精神病。

九、生死不明已逾三年。

十、因故意犯罪，經判處有期徒刑逾六個月確定。

有前項以外之重大事由，難以維持婚姻者，夫妻之一方得請求離婚。但其事由應由夫妻之一方負責者，僅他方得請求離婚。

王子變成流浪漢，生活習慣差也能當作離婚理由？

婚前光光與琇琇出門約會時，總是精心打扮一番，舉手投足間，風度翩翩，琇琇以為自己遇見了生命中的白馬王子，很快就與光光步入禮堂，不久生下一女茵茵。婚後琇琇才發現光光不為人知的一面有多邋遢……在家裡的光光，不僅不負擔家計，甚至連房貸也不繳，差點使房子被法拍，但最讓琇琇難以忍受的，是光光極差的生活習慣，他有不洗澡的怪癖，不僅體味重又有香港腳，使琇琇和茵茵不得不噴香水遮蓋異味，琇琇忍無可忍，只好訴請法院判決離婚，法院是否會准許？

律師貼心話：

法院審究原告請求離婚是否有理由，主要係參酌被告未到庭或提出任何書狀為有利之抗辯，並於審理時傳喚兩造所生子女到庭陳述，再佐以被告之年度綜合所得稅核定通知書及結算申報書、年度綜合所得稅繳納紀錄相關文件等為綜合考量。

在婚姻能否繼續維持的判斷上，法院認為因夫妻雙方來自不同原生家庭，生活習性及價值觀難免有所差異，雙方若能溝通、相互退讓，並尊重對方、用心尋求雙方均可接受的生活模式，則雙方婚姻就還有繼續維持的希望。

但若如本件中的光光，一週僅洗一兩次澡，身上已發出異味卻仍不願清潔，家人必須在家中噴灑香水才能掩蓋異味，光光未顧慮一同生活的家人的感受，經家人再三溝通後亦不願積極尋求解決方式，導致家人間冷漠以待，法院因此認為光光、琇琇夫妻間感情已日漸疏離，嚴重妨礙家庭生活之美滿幸福，婚姻出現重大破綻，存在足使婚姻難以維持之重大事由，因而准予琇琇的請求，依民法第 1052 條第 2 項規定判決離婚。

臺灣新竹地方法院 101 年度婚字第 34 號家事判決摘要

主文：

准原告與被告離婚。

訴訟費用由被告負擔。

理由：

……**按民法第 1052 條第 2 項但書規定難以維持婚姻之重大事由應由夫妻之一方負責者，僅他方得請求離婚，係為公允而設，故難以維持婚姻之重大事由，夫妻雙方均須負責時，應比較衡量雙方之有責程度，僅責任較輕之一方，得向責任較重之他方請求離婚，**或有責程度相同時，雙方均得請求離婚，始符公平。

……（二）**茲兩造來自不同原生家庭，人文、生活習性、價值觀本有差異，**因此兩造婚後對家庭生活期待、金錢價值觀發生齟齬，在所難免，兩造本應以最大善意與對方溝通，相互退讓，**只要兩造能秉持互信、互愛、並尊重對方之心意，誠摯經營婚姻，心平氣和尋求雙方均可接受之生活模式，兩造婚姻，非不可維持。**

……（三）**證人即兩造所生之女張○茵到庭證稱：**「（問：有無與兩造同住？）有的。」「（兩造有無工作？）有的。」「（家裡開銷如何分擔？）都是我母親這邊在支出。」「（教育費用誰支出？）之前教育費用是父親支付，付款到我們高中畢業止。」「（房子貸款誰支

付？）母親。」「（是否知道父母親之前有說好家裡開銷誰負擔？）不太清楚。」「（問：父母親誰賺錢比較多？）不清楚。」「**（有沒有看過母親向父親要生活開銷費用，父親不給的情形？）有的，母親跟父親要錢繳納房貸，父親都沒有給。**」「（有沒有聽到母親對父親說明明說好要父親付房貸，為何不付的情形？）有的。」「（是否知道母親為了繳納房貸及生活開銷向他人借款的事情？）知道，母親會跟姊妹借錢，是要繳納房貸，這種情形還滿常發生。」「（是否知道你們所住的房子曾經有要被查封法拍？）有聽過，是聽我母親說，如果沒有繳納的話，會被法拍。」「（是否知道父母親都有賺錢，為何經濟上還是困窘？）父親都沒有拿錢回家付生活費用，父親錢花用在抽菸、喝酒。」「**（父親生活習慣好嗎？）父親有時候不洗澡，通常1個星期洗2、3次，夏天也是這樣，因此會有一點異味出來，但沒有跟父親說過，我們噴香水，他的腳會很臭。**」「（有沒有聽過母親跟父親說過要洗澡？）沒有。」「（問：你們有沒有跟父親說過要洗澡，不然會臭的受不了？）沒有，因為講了也不一定會有用，縱使跟他說他不想洗講了也沒有用，父親個性是不聽別人說的。」「（你們對於父母親離婚，有何意見？）同意他們離婚。」「（父母親在家裡互動情形如何？）沒有互動，也沒有說話。」「（父親有無天天回家？）有時候會在外過夜，什麼原因我不清楚，在外過夜頻率我不知道。」「（有沒有聽說母親向他人借錢，支付你們教育費用及所得稅的事情？）所得稅部分是有的。」「（父母親在家會吵架？）有時候會，因為金錢方面的事情。」等語（見本院第33-35頁），茲證人張○茵

與兩造均為至親，果非確有其事，證人應無蓄意偏袒原告，僅為達成原告請求離婚之目的，而與原告蓄意聯手杜撰情節，故為不利於被告陳述之理，堪認證人張○茵上開所述，應為真實，堪予採信。

……（四）參以卷附之法務部行政執行署新竹行政執行處 100 年 3 月 4 日竹執甲 98 年綜所稅執字第 00041283 號執行命令、本院民事執行處 100 年 5 月 19 日新院燉 100 司執禹字第 13511 號查封登記函、財政部臺灣省北區國稅局新竹市分局 101 年 5 月 10 日北區國稅竹市二字第 1011001542 號函暨所附 98 年度綜合所得稅核定通知書及結算申報書、101 年 6 月 28 日北區國稅竹市二字第 1011016404 號函及函附之 97、98 年度綜合所得稅繳納紀錄相關文件，足見兩造結婚後，雖有協議生活費用之支出，然因**被告就己身賺取金錢支配不當，經常入不敷出**，致未依期繳納 97、98 年度綜合所得稅，其中 98 年度之綜所稅，並經財政部臺灣省北區國稅局新竹市分局移送法務部行政執行屬新竹行政執行處強制執行原告薪資，**及因所居住房屋貸款未繳，遭債權銀行向本院民事執行處聲請查封拍賣，原告為解決前開債務，四處向親友借貸支應，而被告仍未受到警惕謀求解決之道，依然故我；另被告一個禮拜僅洗 1、2 次澡之習性，導致身上已發出異味仍不願清潔，未顧慮一同生活家人感受，縱與之溝通，仍無結果，導致家人必需在家中噴灑香水**，以掩蓋異味，雖同住在一屋簷下，亦相互冷漠以待，導致婚姻信任已有所破綻，卻仍不願面對、積極溝通尋求解決方式，兩造感情並越見疏離，現已幾無交集，已難期待得以敞開心胸相互對話，謀求平和相處之最佳方法，兩造已不具互信、互愛、互諒之婚姻基礎，

夫妻情愛喪失殆盡，嚴重妨礙家庭生活之美滿幸福，此情此景衡以任何人處於同一地位時，皆難期待仍能繼續維繫婚姻及家庭生活之和諧，**兩造婚姻確生嚴重之破綻而顯無回復之可能，兩造應就婚姻已生破綻而難見回復或繼續維持之結果，負起可歸責性，且被告可責性較重，**揆諸前揭說明，原告依民法第 1052 條第 2 項規定訴請與被告離婚，尚屬有據。

老婆花錢如流水，我撐不住這段婚姻了行不行？

　　終於！文森與交往多年的女友嬌嬌攜手共結連理，完成終身大事，而文森婚後也戮力發憤，不到半年即律師一舉中第，可謂雙喜臨門，人生勝利，本以為即將邁向五子登科的嶄新未來，沒想到這一切竟會變了調。

　　嬌嬌自文森從事律師職業後，自認今非昔比、身價不凡，便開始到處結交上流人士，成天出外跑趴，不僅餐餐高檔法式餐廳，買化妝品、時尚衣物、各類首飾、名牌包更是家常便飯，只看喜歡不喜歡，價目那甭管，時不時再與姊妹淘出國旅遊，體驗春夏秋冬，用錢毫無節制，每月消費額高達數十萬，甚至還央求文森向銀行辦理信用卡附卡供其隨意花用，令文森欠翻一屁股債，百萬年薪更被榨到一毛不剩。

　　期間，文森曾多次嘗試與嬌嬌溝通，盼其體恤掙錢不易，回歸勤儉，但嬌嬌根本聽不進勸，反而變本加厲，我行我素，長此以往，文森實在不堪負荷，某天文森站在家中陽台向外暴怒嘶吼：「受夠了！一切都結束了！」

律師貼心話：

　　人云貧賤夫妻百事哀，結縭生活不免面臨柴米油鹽的經濟現實，但除此之外，與另一半之間因金錢觀及消費習慣所生的歧異，往往也成為壓垮婚姻的最後一根稻草。

　　本案中太太持先生名義之信用卡附卡每月持續簽帳消費金額多達數萬元，有些純屬奢侈性品項，先生因此積欠卡債，須再以自有資金清償，且太太更進而將先生名下帳戶存款提領至所剩無幾。法院審理後，認為太太支出水平相較先生的歷年收入所得，比例上並非合理，對先生的財務已形成過重負擔，夫妻為此亦紛爭不斷，而太太又未能與先生有效協商及改善，乃判定

其間婚姻已出現難以維持之裂痕，准予先生的離婚請求。

　　另有關本案的舉證方法：先生方面提出銀行業務上製作的信用卡消費明細、銀行存款存摺、還款收據等，法院方面則依職權主動調閱夫妻雙方稅務電子閘門所得明細資料，以此方式查知先生的實際收入情況，故認太太確實有花費無度之情事。

臺灣臺中地方法院 101 年度婚字第 133 號家事判決摘要

主文：

准原告與被告離婚。

訴訟費用由被告負擔。

理由：

……原告主張：被告婚後浪費成性，以原告辦（編按：辦）理供伊使用之花旗銀行附卡消費，自九十九年七月起，至一〇〇年十二月止，單月刷卡動輒數萬元，甚至達十萬元以上。被告並將原告名下華南商業銀行之存款提領一空，致原告負債二十八萬餘元，迄今仍按月清償中之事實……**原告就其上開主張，業據提出簡訊照片、花旗銀行消費明細、華南商業銀行活期儲蓄存款存摺、電子郵件、清還款統計表、收據為證。**……原告主張：被告曾持其花旗銀行之附卡於九十九年六月份消費二萬三千六百三十三元、七月份消費七萬五千三百六十一元、

八月份消費四萬三千七百四十一元、九月份消費八萬九千六百元、十月份消費一萬三千一百四十一元、十一月份消費五萬七千五百二十九元、十二月份消費二萬二千零五十四元；一○○年一月份消費四萬三千六百三十六元、二月份消費五萬零八百二十二元、三月份消費六萬九千四百二十七元、四月份消費二萬七千九百三十七元、五月份消費四萬三千七百二十八元、六月份消費三萬七千三百三十二元、七月份消費三萬四千七百七十九元、八月份消費十二萬五千九百零二元、九月份消費五萬五千二百零五元、十月份消費三萬四千四百四十一元、十一月份消費二萬四千八百四十元之事實，為被告所不爭執，**並有原告所提花旗銀行消費明細在卷可參**。原告主張：其所有華南商業銀行之帳戶，自一○○年七月起，至同年十一月間止，每月存款均逾四萬元，但至一○○年十一月二十一日止，遭提領至餘額僅剩一千五百四十四元之事實，為被告所不爭執，**並有原告所提華南商業銀行活期儲蓄存款存摺在卷可參**。……故被告曾因消費過鉅，而向原告道歉，有原告所提簡訊、電子郵件在卷可參，由此足認被告已知悉：伊上開消費習慣已造成原告財務之負擔。（6）基上等情，**復參酌原告所得，其九十九年給付總額僅為三十二萬四千二百五十三元、一○○年度給付總額僅為四十萬三千零八十三元（參卷附稅務電子閘門所得調件明細表），是堪認被告上開消費習慣已對原告之財務狀況影響甚鉅**。原告因此已另案向本院聲請將兩造間之夫妻財產制改用分別財產制（參民法第一千零十條第二項）獲准確定，有本院一○一年度家婚聲字第一○二號家事裁定在卷可稽。且至本件言詞辯論終結時止，**兩造始終未**

能協調與溝通兩造金錢使用習慣之歧異，此情已造成兩造婚姻產生破綻。

……4.基上所述……惟被告金錢消費習慣已非原告所能接受，致兩造爭執橫生。……是兩造除了金錢使用習慣歧異，無法亦無意願溝通妥協外……復參酌兩造在婚姻期間內，並無法就造成兩造婚姻產生破綻之上開問題，有效地溝通、協議，或相互包容、退讓，進而互謀解決、修復兩造婚姻破綻之良策。……依一般人之生活經驗，兩造婚姻客觀上已難期修復，無法繼續婚姻共同生活。從而，堪認任何人處於原告地位時，均無法期待繼續共同生活，自得認為有難以維持婚姻之重大事由。……揆諸前揭說明，原告依民法第一千零五十二條第二項規定請求離婚，為有理由，應予准許。

政治傾向與宗教信仰大不同，
再難可忍的婚姻生活還能怎麼走下去？

　　劉先生不滿老婆平日只聽綠色電台，在家擺放某政黨旗幟，婚後篤信基督教，要求他按月奉獻金錢不說，還不准他祭拜祖先，甚至想拆祖先靈堂等，劉先生因此憤而離家並向法院訴請離婚。劉太太在法庭承認自己的政治與宗教傾向都跟劉先生不同，但否認劉先生指控，表示劉先生在婚前就已經知道上開事實。到底政治傾向、宗教信仰不同，可不可以成為離婚的事由呢？法院又會怎麼處理？

律師貼心話：

　　法院認為宗教信仰與政治立場差異，雖然可以構成離婚之重大事由，但是劉先生始終未能舉證說明兩造結婚後始生上開觀念差異。相反，劉先生動輒離家，分居數年且甚少聯繫，夫妻感情淡薄，這段婚姻破綻反而可以歸責於劉先生，所以法院駁回劉先生的離婚請求。

臺灣高雄少年及家事法院 105 年度婚字第 642 號民事判決摘要

主文：

原告之訴駁回。

訴訟費用由原告負擔。

理由：

……四、原告雖主張兩造間已有難以維持婚姻之重大事由，且可歸責於被告等情，然為被告所否認，並以前詞置辯。經查：

（一）按有民法第1052條第1項以外之重大事由，難以維持婚姻者，夫妻之一方得請求離婚，但其事由應由夫妻之一方負責者，僅他方得請求離婚，民法第1052條第2項定有明文。是以對於家庭生活之美滿幸福，有妨礙之情形，即得認為與此之所謂難以維持婚姻之重大事由相當。再按婚姻係以夫妻共同生活、建立夫妻情愛本質為目的，且夫妻雙方應在精神上相互扶持，共同建立和諧美滿之家庭，倘雙方無法在精神上相互扶持，彷如兩個各自獨立生活之個體，彼此誠摯互信之感情基礎，已經不復存在，依一般人之生活經驗，顯然難期修復，共同生活之婚姻目的已經不能達成，可認婚姻關係因此產生重大破綻。又民法第1052條第2項規定所採者為消極破綻主義精神，而非積極破綻主義，因此，若夫妻雙方均為有責時，則應衡量比較雙方之有責程度，而許責任較輕之一方向應負主要責任之他方請求離婚，如雙方之有責程度相同，則雙方均得請求離婚，以符公平，且符合民法第1052條第2項規定之立法目的（最高法院94年度台上字第2059號、95年度台上字第1450號判決意旨參照）。另按離婚，準用民事訴訟法第2編第1章第3節有關事實證據之規定，家事事件法第10條第2項前段已有明定，是依民事訴訟法第277條規定，原告就其主張兩造有何可歸責於被告之難以維持婚姻重大事由之事實，應負舉證責任。

（二）原告主張兩造在宗教信仰及政治傾向均有相當歧異，被告並於兩造相處時強加其宗教及政治理念予原告等情，均為被告所否認，並以原告於婚前即已知悉雙方前述觀念差異，被告亦未強令原告應為宗教捐獻，或在原告表示反對後仍持續撥（編按：播）放特定政治色彩之廣播節目，原告不能執此主張離婚等語置辯。**經查，原告主張被告有前揭強令為宗教捐獻或強迫播放含有特定政治色彩廣播節目等情節，既均為被告所爭執，原告復未能就上述主張舉證以實其說，此部分已難為本院所採信。又兩造間於宗教信仰及政治傾向固均有相當歧異，惟原告並未就兩造於婚後始生上開觀念差異乙事為舉證說明，可見其於兩造結婚時即已知悉上情；** 而夫妻雙方既來自不同原生家庭，其觀念及生活習慣本有差異，是就兩造間因價值觀念、宗教信仰或政黨傾向所生之磨擦，宜由夫妻以智慧與耐心相互尊重彼此，而從中學習如何解決衝突，殊難僅憑原告所陳兩造於觀念上之分歧，據此即認雙方已有難以維持婚姻之重大事由。是原告上開主張，即不足採。

（三）又原告主張被告對於財物需索無度，造成兩造婚姻難以維持等語，被告對此則辯以其於婚前已向原告表明無謀生能力，縱有向原告索取金錢之事，亦係供家庭生活費用所需等語。按依民法第 1003 條之 1 第 1 項規定，家庭生活費用除法律或契約另有約定外，由夫妻各依其經濟能力、家事勞動或其他情事分擔之；而原告於婚後依被告請求而向其交付金錢乙情，雖為被告所不爭執（見本院卷第 51 頁），惟若原告認該等金錢開支均與維繫夫妻家庭生活無關，或其負擔家庭生活費用過鉅者，非不得透過與被告協議方式調整之，加以原告亦未證明

被告向其索用財物均係為家庭生活無關之事，是原告執此而認兩造間有難以維持婚姻之重大事由存在，尚屬無據。

……（五）另**原告於 100 年 7 月間自行離家，雙方因此分居迄今**等情，為兩造所不爭執，已如上述，彼此間並無何親密互動，參以原告無意維繫婚姻，堅持離婚乙節，可見兩造感情破裂，已難期回復婚姻共同生活，固係實情。惟就此等婚姻破綻之發生原因，兩造均同稱原告於 100 年 7 月間因雙方財物問題發生爭執後即自行離家，被告事後雖試圖以電話聯繫原告，但均遭原告拒絕等語（見本院卷第 49-50 頁），是原告僅因兩造間之財物爭執即斷然離家不歸，其後亦斷絕與被告聯繫之機會，導致雙方關係逐漸惡化，實乃兩造婚姻發生破綻之主要原因，已可認定。

（六）綜上所述，原告主張兩造間於信仰及政治上之思想觀念差異，且被告對財物需索無度，復就原告寄送信函無任何回應，實造成兩造婚姻難以維繫等情，均難認有據；**又兩造固因分居數年且甚少聯繫，而有難以維持婚姻之重大事由，然此部分係可歸責於原告所致，原告自不得請求離婚**。從而，原告依民法第 1052 條第 2 項規定，訴請判決兩造離婚，為無理由，應予駁回。

我不是無情，而是照顧植物人一生的日子太艱難

　　阿亮於婚後某一天突然暈倒失去意識，經醫師診斷，不幸已成植物人狀態，此後只能長期臥床，全賴妻子小燕日夜照料。十年來，小燕不堪長期照護的壓力，以及工作、家庭、醫院間頻繁往返而身心俱疲、體力難以負荷，遂向法院聲請離婚，法院是否會准許？

律師貼心話：

　　本件中，法院審究原告請求離婚是否有理由，主要係參酌原告所提出被告先前經法院裁定為受監護宣告之人的民事裁定、中華民國身心障礙手冊影本、醫院診斷證明書等文件，以及程序監理人並未爭執原告所提出之事實。

　　關於民法第 1052 條第 2 項所稱「難以維持婚姻之重大事由」，法院認為應以婚姻是否「已生破綻而無回復的希望」加以判斷，且在判斷此要件時，除從原告主觀上是否已喪失維持婚姻之意欲加以認定，而應審酌客觀上是否有難以維持之事實，即是否已達到倘若處於同一境況，任何人均將喪失維持婚姻意欲來決定。

　　本件中，法院認為阿亮因成為植物人狀態而無法自理生活，未來治癒的可能性亦極低，顯然阿亮已經失去經營婚姻共同生活的能力，若勉強維持二人的婚姻，只是徒增不幸家庭；況設想任何人處於同一境況，多將喪失維持婚姻之意欲，且阿亮目前的境況，非可歸責於小燕，因而准予小燕依民法第 1052 條第 2 項規定離婚。

臺灣士林地方法院 103 年度婚字第 40 號民事判決摘要

主文：

准原告與被告離婚。

訴訟費用由被告負擔。

理由：

……四、原告主張兩造為夫妻，婚姻關係現仍存續中，業據提出戶籍謄本為證，且為被告之程序監理人所不爭，堪信為真實。原告又主張被告因顱內出血住院，經診斷為「顱內出血合併植物人狀態，日常生活均需他人照顧，對外界言語詢問均無適當反應。判定為心神喪失」，無處理任何事物之能力，前經法院裁定為受監護宣告之人等情，業據提出臺灣板橋地方法院 96 年度禁字第 171 號民事裁定、中華民國身心障礙手冊影本、臺安醫院診斷證明書等件為證，且亦為程序監理人所不爭執，亦堪信為真實。

……74 年 6 月 3 日修正公布之民法親屬編，就裁判離婚之原因增設**民法第 1052 條第 2 項**規定：「有前項以外之重大事由，難以維持婚姻者，夫妻之一方得請求離婚。但其事由應由夫妻之一方負責者，僅他方得請求離婚。」，乃關於夫妻請求裁判離婚事由之概括規定，其目的在使夫妻請求裁判離婚之事由更富彈性，夫妻間如已發生難以維持婚姻之重大事由，縱不符同條第 1 項所列各款情形，仍得訴請離婚。所謂**「難以維持婚姻之重大事由」，應由法院以婚姻是否已生破綻而無回**

復之希望加以判斷之，**惟法院為此判斷時，不可僅依主觀之標準即從原告已喪失維持婚姻之意欲加以認定，尚應依客觀之標準即難以維持之事實，是否已達於倘處於同一境況，任何人均將喪失維持婚姻意欲之程度以決定之。**

六、婚姻係以夫妻之共同生活為目的，夫妻間應以誠摯相愛、互信為基礎，若夫妻間已難以共同生活，亦無強行共組家庭致互相憎恨之必要。**查被告因顱內出血而成為極重度殘障之人，呈現持續性植物人狀態，迄今仍未痊癒，**業如前述。被告生理、心理及社會功能均具嚴重障礙，無法與外界為正常之溝通，而夫妻共同生活重在溝通協調，被告既無法自理生活，顯然亦無經營婚姻共同生活之能力。另被告病發迄今7年餘，兩造之家庭生活，對被告而言，固已發生極為巨大之變化，**對原告而言，與原有之家庭生活相較，亦屬巨大變化，且被告治癒之可能性極低，則兩造未來勢必長期僅有夫妻之名，而無夫妻之實，**則用以羈絆雙方，使破裂之婚姻勉強繼續維持，徒增不幸家庭，亦為婚姻目的所不容，是被告之病症客觀上確已嚴重影響夫妻共同生活。綜上，堪認兩造間已無法再維持夫妻之正常生活，亦難期其互相協力保持共同生活之圓滿及幸福，揆諸前揭說明，**本院認任何人處於同一境況，均將喪失維持婚姻之意欲，且造成被告目前之境況，亦非可歸責於原告，是原告依民法第1052條第2項規定訴請離婚，洵屬有據，應予准許。**又原告依前述理由請求判決離婚，既獲准許，則其另以民法第1052條第1項第7款事由請求判決離婚，即無再予審酌之必要，併此敘明。

老公長期失業，經濟重擔一人扛，
可是我也會累啊……

　　馬克跟芳芳愛情長跑十年後結婚，一起度過了生命中許多美好的日子，婚後的前四年馬克都有穩定的工作，兩人分工合作照顧家庭，但自第五年離職起，馬克就沒了固定工作，除了參加職訓局所舉辦的課程及考公職、念研究所等，就未曾再積極謀職，家計多由芳芳及馬克的父母分擔，芳芳在馬克失業七年的這段期間，獨自承擔家中經濟重擔，已覺身心俱疲，遂向法院訴請離婚……

律師貼心話：

　　有關本案的舉證方法是由芳芳提出其與馬克及雙方父母對話之錄音光碟及譯文，並有芳芳的父親到庭陳述，以證雙方確已分居，馬克也的確有長期未負擔家庭生活費用之事實。

　　因婚姻關係維繫中最重要的因素就是雙方價值觀之認同，包含經濟上的分工，此等價值觀如有明顯歧異，即可能形成婚姻維繫的障礙，進而影響雙方婚姻關係的存續。

　　本件中馬克婚後長期工作不穩定、未能分擔家計，家中經濟長期有賴芳芳及馬克的父母援助，芳芳因而對這段婚姻感到心灰意冷，雙方數度溝通未果。法院審理後，認為雙方在婚姻的經濟合作關係上，確實存在有重大的價值認知落差，二人外在客觀的衝突行為雖非劇烈，但思想上已無互相溝通能力，婚姻關係顯難維繫，而准予芳芳的離婚請求。

臺灣臺中地方法院 101 年度婚字第 765 號家事判決摘要

主文：

准原告與被告離婚。

訴訟費用由被告負擔。

理由：

……原告主張被告長期工作不穩定，未分擔家計，家庭經濟重擔均落於原告身上或仰賴被告父母援助，原告已無法與被告繼續共同生活，並自 100 年 12 月遷離兩造共同居所，迄今分居已逾 1 年，期間被告僅有以簡訊聯繫被告數則，惟原告則全部均未予回應，雙方無良性互動，雙方發生破綻，婚姻關係實難以繼續維持等情，業據原告提出錄音光碟暨譯文為證，並據證人即原告之父張〇順到庭證述相符（詳本院 101 年 12 月 28 日言詞辯論筆錄），被告對伊婚後長時間未工作，家中主要經濟負擔係由原告及被告父母負擔，及自 100 年 12 月起雙方分居迄今已逾 1 年之事實不爭執，並以前詞抗辯。惟觀諸原告所提出之錄音光碟暨譯文內容所載，兩造及雙方父母曾就分居乙事溝通，被告及被告父母確實同意原告先搬回娘家，是原告主張兩造就分居達成協議乙情，堪信為真實。**被告雖辯稱伊現仍就讀研究所，並非不工作，而係無法工作云云，然不否認家中經濟長期有賴原告及被告父母援助，而兩造自 90 年 12 月 5 日結婚迄今，11 年餘婚姻關係存續期間，被告既自 95 年起即無固定工作，則其顯已逾 5 年期間未實際分擔家庭生活**

費用，是原告主張被告長期未負擔家庭生活費用乙情，亦堪信為真正。

……（三）**婚姻關係維繫中最重要之因素乃為雙方價值觀之認同，夫妻雙方各有其在婚姻關係中之需求，此等需求如因價值觀之不同，即可能形成婚姻之障礙，進而影響雙方之婚姻關係之存續**。1、經濟合作：經濟合作關係影響婚姻中最基本的生理需求、安全需求，和諧之經濟合作關係下，在婚姻中的個人才能進而滿足其它各項需求，本件兩造均為 63 年出生，**雙方結婚迄今 11 年餘且已有長期之互動相處，對於婚姻關係所追求及著重者，自非再僅只是感情而已，生活上之扶持與照顧及對未來生活之願景，對處於接近中年之原告而言，自有其現實面之考量及轉變之正當理由**，原告並據以陳述主張「……然被告卻得過且過，不思改進，甚至誤以為我們關係和睦。多年來原告對被告的不滿與不信任累積下來讓原告覺得身心俱疲，原告對被告已徹底死心，原告認為被告是不能期待與依靠的人，且這樣的生活根本看不到未來有任何希望，甚至未來只會隨著原告與被告的年紀越來越大而使原告負擔越來越大、生活越來越糟。原告認為這種日子是個無底洞，沒有未來可言，被告不工作，原告卻拿被告沒辦法」（原告 101 年 11 月 26 日書狀），然而這樣**深層對婚姻關係之期待轉變，似乎仍為被告所不能認知及理解**，被告於本院仍猶陳稱：「除了她提起的工作問題外，我覺得我們的感情很融洽，也沒有經濟上的問題，工作上的問題她說我不積極努力，我曾經提起夜班的工作，她與她母親說那不是我這個年紀應該做的，市政府那種臨時的，她們也說不是長久之計。原告對

我工作的要求到底在那裡，我到現在也搞不清楚」（本院 102 年 1 月 18 日筆錄），即**被告對原告需求之認知仍僅只於其等現況中並無經濟無力負擔問題、伊不知原告所要求之工作為何等，足見兩造於婚姻之經濟合作關係上，確實存在有重大的價值認知落差。**

……（四）婚姻衝突及歸責：本件雙方婚姻關係所存在之衝突僅只被告工作問題，此為雙方所不爭執，細察被告於本案訴訟中面對此一爭執問題，主要係以其父母亦有負協助負擔一定生活費用為據，即被告書狀中所指「由被告家庭所負擔」，或另即以如前揭之其未意識到原告對其工作之期待等語置辯，而即便經歷了兩造於 100 年 12 月間分居前之對話（詳如卷附譯文），被告對原告如此單一、明確之訴求，卻仍僅能以「被告認為原告只是沒有想清楚而已，只是一時之迷惘，只要原告清醒了，被告是可以體諒的」、「被告認為現階段原告一心想透過訴訟來遂行其離婚的目的，不論被告作何努力都不會被原告所認同的，只有這條路走不通，駁回原告之訴，原告才會真正冷靜下來思考」（參被告 102 年 1 月 3 日書狀），顯見**雙方外在客觀之衝突行為雖非劇烈，然思想上之鴻溝已深且已無互相溝通能力，婚姻關係已難維繫，而此等價值認知之落差，應屬雙方均有可歸責之事由。**

……（六）婚姻存在於兩造夫妻之間，其等於訴訟中交相指責雙方，甚少或不願向法院論及並檢視自己於婚姻所扮演之角色，此或為訴訟制度令雙方互為攻防使然，然實則婚姻雙方交互影響，被告於長期失業過程中的受職訓、進修，遭原告視為迴避工作責任之藉口，而被告

則以之為其主觀上仍有心滿足原告期待，客觀上亦有具體行動之事證，一個事實，不同之當事人有不同的表述並為爭執，原告於訴狀陳述：「原告認為，婚姻不就是希望能跟另一個人有快樂的生活與美好的日子嗎？若一個人生活得好好的，步入婚姻之後卻要接收另一個人的經濟窘境，讓自己身心俱疲，踏入一個無底洞，對未來的生活能否好轉不可期待，那結婚是為了甚麼呢？」（參原告 101 年 11 月 26 日書狀），而被告對此訴諸「讓一個家庭破碎，這才是遺憾終身之事」（參被告 101 年 12 月 12 日），兩造的訴求亦突顯了法院在本件中對原告個人人格自主決定、婚姻制度維護上所應為之價值衡量，**衡量原告主觀上有強烈解除婚姻關係之意願，並審酌雙方年紀尚輕，以其等學經歷均具有一定之工作能力，復無互為扶養之扶助需求，亦無在婚姻關係過程中所形成之明顯經濟狀況不對等之情形，兩造復無子女等一切情狀，**復以婚姻制度維護並非在維護「制度」本身，亦非為滿足單方之感情，而係用以促進作為社會一份子的各個人在婚姻關係中實踐自我，兩造婚姻除前揭法律無法置喙之被告感情依附外，實難認其等婚姻關係尚有維持之必要，原告主張依自我價值之決定實踐自我，確有理由。

結婚多年才知另一半是同志……
我不想再當幌子了！

　　小宇跟小芯結婚二十多年了，夫妻間的房事不超過十次，多半是為了傳宗接代，就像是要向長輩交差一樣，且兩人自婚後就時常分房而睡，各過各的生活，彼此相敬如賓，突然有一天，小芯忍不住想解開心中多年的疑惑，就向小宇追問：「你為什麼都不碰我，你是不是不愛我了？」小宇禁不起小芯的追問，一時激動便脫口而出：「我是同性戀，我對不起妳，我真的無法愛妳……」

律師貼心話：

　　法院審究小芯請求離婚是否有理由，主要係參酌小宇未到庭或提出任何書狀為有利之抗辯，並於審理時傳喚小芯的母親到庭陳述，以證兩造確已分居及小宇自承為同性戀之事實。

　　本案中，法院認為小宇跟小芯結婚已逾二十年，兩人形式上同居一處，實質上卻幾乎已無互動，且雙方對性向（小宇為同性戀者，小芯為異性戀者）的認知不同，致形同陌路，故堪認彼此僅存夫妻之名，而無夫妻之實，雙方的婚姻關係已難維繫，而准予小芯的離婚請求。

臺灣臺中地方法院 104 年度婚字第 125 號民事判決摘要

主文：

准原告與被告離婚。

訴訟費用由被告負擔。

理由：

……一、按民法第一千零五十二條第二項所稱「有前項以外之重大事由，難以維持婚姻者」，乃抽象的、概括的離婚事由，係民法親屬編於七十四年修正時，為因應實際需要，參酌各國立法例，導入破綻主義思想所增設。但其事由應由夫妻之一方負責者，僅他方得請求離婚，是其所採者為消極破綻主義精神，而非積極破綻主義。關於是否為難以維持婚姻之重大事由，其判斷標準為婚姻是否已生破綻而無回復之希望。而婚姻是否已生破綻而無回復之希望，則應依客觀的標準，即難以維持婚姻之事實，是否已達於倘處於同一境況，任何人均將喪失維持婚姻意欲之程度而定。至於同條但書所規定「難以維持婚姻之重大事由應由夫妻之一方負責者，僅他方得請求離婚」，乃因如肯定有責配偶之離婚請求，無異承認恣意離婚，破壞婚姻秩序，且有背於道義，尤其違反自己清白（cleanhands）之法理，有欠公允，同時亦與國民之法感情及倫理觀念不合，因而採消極破綻主義。然若夫妻雙方均為有責時，則應衡量比較雙方之有責程度，而許責任較輕之一方向應負主要責任之他方請求離婚，以符合公平（參照最高法院九十四年度

台上字第二〇五九號民事判決、九十五年度第五次民事庭會議決議）。

二、查：（一）原告主張之上開事實，業據其提出戶籍謄本為證，核與證人即原告母親李〇〇英於本院一〇四年五月五日審理時之結述相符，而被告經合法通知未到庭爭執，復未提出書狀作何聲明或陳述，自堪信原告之主張為真實。（二）本件兩造結婚已逾二十餘年，雖共同育有子女，但彼此間之互動極為冷淡。徵之婚姻乃一男一女之兩性結合，以組織家庭，並以同心「永久共同生活」為目的，但兩造並未同心共同生活已逾二十餘年。即兩造雖形式上同居一處，但各自分房睡，並各自過各自之生活，自今年年初起，兩造即已分居迄今，毫無互動，致無法繼續共同經營婚姻生活，顯與夫妻關係成立之本質有違。**又兩造對於性向之認知不同（依原告所述，被告為同性戀者，而原告為異性戀者），致雙方形同陌路，已無情感。且被告經本院二次通知，均未到庭爭執，復未提出書狀作何聲明或陳述，故堪認兩造對於彼此之生活情況完全不瞭解，其等之間僅存夫妻之名，而無夫妻之實。**是依前開說明，任何人處於原告地位時，均無法期待繼續共同生活，自得認為有難以維持婚姻之重大事由。而衡之雙方有責程度，被告有責程度顯為較重之一方。是揆諸前揭說明，原告依民法第一千零五十二條第二項規定訴請離婚，為有理由，應予准許。

離婚證人爭議
——證人應該做什麼？

協議離婚又不想張揚，
上網找陌生人當證人可行嗎？

志明和春嬌結婚多年，但好景不常，感情生變。兩人認為夫妻情誼不再，好聚好散也是一種美，因而決定協議離婚。可是法律規定，協議離婚要找兩個證人才行，但志明與春嬌認為，離婚是兩個人的私事，也暫時不想讓身邊的親朋好友知道，那志明與春嬌可以上網找不認識的人當證人嗎？

律師貼心話：

有關離婚證人的見證是否有效，法院歷來關心的重點就只有一個，那就是：證人是不是親眼看到「或者」親耳聽到，要離婚的「兩個人」都有要離婚的意思。所以就算是完全不認識的人，只要想離婚的兩位當事人都對這個陌生人表明打算離婚的意思，這位親自見聞而清楚狀況的陌生人，就可以當

見證離婚協議的證人。

最高法院 68 年度台上字第 3792 號 民事判例

民法第一千零五十條所謂二人以上證人之簽名，固**不限於作成離婚證書時為之，亦不限於協議離婚時在場之人，始得為證人，然究難謂非親見或親聞雙方當事人確有離婚真意之人，亦得為證人**。本件證人某甲、某乙係依憑上訴人片面之詞，而簽名於離婚證明書，未曾親聞被上訴人確有離婚之真意，既為原審所確定之事實，自難認兩造間之協議離婚，已具備法定要件。

婚姻難以為繼，個別找證人簽字有效嗎？
一定要同時簽名？

　　小伍是莉夏的多年閨中密友，對阿德和莉夏的婚姻狀況略知一二，莉夏一日深夜突然來訪，告知自己和阿德的婚姻可能走不下去了，小伍勸和不成，就只好義氣相挺，幫莉夏從網路上下載制式的離婚協議書後，大力地在證人欄上先簽上自己的名字，要莉夏把文件帶回去，和阿德兩個人談清楚後做最終決定……這樣的簽名能發生證人的效力嗎？

律師貼心話：

　　律師再次貼心提醒，離婚證人是否合乎法律規定的重點，在於證人必須要親身見聞夫妻雙方是否有離婚的意思，所以離婚證人不管是不是認識、是不是同時簽名，都不是爭議的焦點。法院的見解認為，法律規定的兩位證人，在簽名前如果只是單方面聽夫妻的其中一方說要離婚是不夠的，一定要知道「兩個人」都確實有離婚的意思才可以。

　　實務上有很多案例都是因為證人只有單憑夫妻中一方說要離婚，至於另一方究竟有沒有離婚的意願，證人其實並不知道，這種情況很有可能被法院宣告當初的離婚無效，兩人的婚姻關係還是存在。

　　離婚和結婚一樣，都是人生中的重要決定，千萬別貪圖一時方便，造成意想不到的錯誤。所以律師還是建議，要簽離婚協議的時候，最好是夫妻兩個人跟兩位證人一起出席，四個人坐下來一起簽，過程中最好還可以錄音、錄影存證，以確保兩位證人都知道夫妻雙方確定有離婚的真意。

臺灣臺北地方法院 96 年度家訴字第 119 號民事判決摘要

主文：

確認兩造婚姻關係存在。

訴訟費用由被告負擔。

理由：

經查：

（一）系爭**兩願離婚書上之證人丙○○到庭證稱**：系爭兩願離婚書是我親筆簽名、蓋章，兩造的感情如何我略知一、二，當時被告到我家說可能要離婚，問我要如何處理，我就跟她談很久，**我從網路上下載離婚協議書，並跟被告說離婚協議書我和我同居人乙○○可以先幫他們簽名蓋章，但是被告要回去親自跟原告說明清楚是否真的要離婚，所以我和乙○○當天就簽名蓋章給被告**，後來被告有拿原告簽好的協議書來給我看，上面日期是我下載的那一天，隔天晚上被告拿協議書回來給我看，後來隔天兩造也去做離婚登記，**從我下載那天到兩造辦理離婚登記止我沒有和原告聯絡過，那段時間我的同居人乙○○也沒有和原告講過話**。簽離婚協議書以前原告本身是沒有找我做離婚的證人，原告也沒有和我談過他想要離婚，但我知道兩造要離婚這件事，我是聽被告說的，還有從一些我們聯絡的蛛絲馬跡中判斷出來的等語。**足認證人丙○○及乙○○在系爭兩願離婚書上簽名時，並未親聞或親見原告確有離婚真意，即兩造協議離婚，並未依民法第 1050 條規定之方式為之，依民法第 73 條規定應屬無效。**

臺灣新竹地方法院 95 年度婚字第 372 號民事判決摘要（遭廢棄）

主文：

確認原告與被告間之婚姻關係存在。

訴訟費用由被告負擔。

理由：

三、……又原告主張兩造離婚協議書上證人乙○○並未親見或親聞被告有離婚意之情，亦據證人乙○○到庭證述：（問：是否曾於兩造離婚協議書上簽章？〈提示〉）是的。是我簽名、蓋章。當時我與原告丁○○是鄰居，是原告丁○○找我簽名、蓋章的。當時離婚協議書上，他們二人、另外壹個個人都還沒有簽名；**（問：有無問過兩造離婚意願？）我沒有問過被告。我只有向原告確認；（問：從來沒有向被告確認過？）沒有。**我簽名後過了壹個禮拜，我與被告通過電話，有談起離婚事情，希望他們為小孩著想；（問：有很多版本？）當時原告找我時，已經是深夜了，原告來來回回拿了很多次，我勸原告不要離婚，最後沒有辦法，才簽名；（問：你簽名時，兩造都未簽名、蓋章？）……因為原告來來回回很多次，一直更改，但當時我不想看內容，我一直勸他們。我記憶中，應該是兩造都沒有簽名（見本院 95 年 11 月 21 日言詞辯論筆錄）等語在卷；雖被告陳稱離婚協議書曾經過多次修改並經兩造簽名，原告來來回回持之找證人，證人乙○○應知

被告有離婚之意，然證人乙○○否認曾看過修改前之離婚協議書；退步言，縱認證人乙○○曾觀看之，亦無法由此推論證人乙○○曾親見或親聞被告有離婚之意；至於被告復稱離婚登記之前，原告找證人乙○○夫妻當證人時，證人乙○○之妻曾當場撥電話給被告詢問離婚事由，證人乙○○也在場，故證人乙○○應知悉被告有離婚意願等語，然證人乙○○否認曾聽聞被告與其妻對話之內容，縱認證人乙○○當場得以聽聞，其所聽聞者亦係其妻之話語，故亦無法據此推論證人乙○○已親聞被告離婚之意，綜上，應可認證人乙○○確實未曾親見或親聞兩造確有離婚真意。

臺灣高等法院 96 年度家上字第 41 號民事判決摘要（推翻一審認定）

主文：

原判決廢棄。

被上訴人在第一審之訴駁回。

二審訴訟費用由被上訴人負擔。

理由：

1. 兩造自協議離婚，由被上訴人草擬離婚協議書之初稿，其間經過二

次修改內容，修改後之版本，被上訴人均曾交予鄰居乙〇〇見過，直至95年4月19日凌晨1、2點，兩造最後簽署第三份修改後之離婚協議書間，上訴人早上欲出門上班時遇見乙〇〇，乙〇〇有詢問上訴人「是否玩真的？」，上訴人點頭回應，乙〇〇係詢問上訴人是否確定要離婚，此與一般鄰居見面點頭打招呼之情形不同等情，業據證人乙〇〇證述明確，其並證述「（你簽名的時候有無去問丙〇〇願意不願意離婚？）之前有瞭解兩造不合，我太太有勸他們要和好，簽名之後還有碰到丙〇〇，我有問她離婚的事情，我問她你們真的確定要離婚嗎？她說已經到這種階段，不離婚不行了」、「（簽最後這份離婚協議書之前，有無問過丙〇〇是否要離婚？）要去上班的時間有問過丙〇〇」等語（見本院卷第30頁、第31頁），則由證人之證言，可知兩造之離婚協議書，修改過二次，直至第三份始定稿，被上訴人每次均將修改後之版本交予證人乙〇〇過目，則衡情乙〇〇於兩造磋商協議離婚之過程中，應知悉兩造感情不睦，婚姻已無法維持。此與一擬定離婚協議書，不需再修改，證人立即受邀簽名之情形，顯有不同。況證人乙〇〇在簽署第三份離婚協議書之前，於上午出門上班遇見上訴人之際，亦曾向上訴人詢問是否真欲離婚，自是確認上訴人具離婚真意。雖然證人乙〇〇於原審曾證稱未曾向上訴人確認過離婚意願等語（見原審卷第22頁），惟該名證人於原審作證時，並未就兩造自草擬離婚協議書、其中尚修改過二次，第三份版本始定稿，每次修改後被上訴人均交予其過目之情形為詳細證述，亦未提及其曾於某日上班之際向上訴人確認離婚意願，而其於本院證述之內容較原審證述詳盡，

自較為可信。證人乙〇〇雖在簽署最後第三份離婚協議書時，係由被上訴人所交付，簽名時當時未見到上訴人，惟其既知悉兩造離婚協議書修改之情形，又於簽署最後第三份離婚協議書之前，曾向上訴人確認離婚意願，是本院認其應知悉上訴人具離婚真意無誤，始願意簽名成為證人。故被上訴人主張乙〇〇未確知上訴人離婚真意云云，殊難採信。

2. 另證人**甲〇〇於原審結證**：兩造離婚當晚，其正與上訴人透過電腦 MSN 聯絡，上訴人將 MSN 通話功能打開，其聽到他們討論小孩監護權、贍養費的事情……聽到他們確實要離婚，因為他們提及冷氣、家具（俱）歸屬問題、贍養費的事情，監護權歸被上訴人等語（見原審卷第 24 頁）。嗣**復於本院證稱**：其從 MSN 的收音可聽到兩造部分談話，有談到離婚，小孩監護權、財產分配問題等語（見本院卷第 29 頁反面），**證述之內容一致。是證人甲〇〇係透過電腦 MSN 系統得知兩造之談話內容，兩造討論協議離婚、小孩監護權、財產分配等問題，應係確知被上訴人具離婚之真意。**被上訴人雖主張未見過證人甲〇〇，也未與之交談過云云。惟如前所述，**擔任兩願離婚之證人，並無證人需與當事人素相熟識之限制，故證人甲〇〇縱與被上訴人不相熟識，惟既係確知兩造具離婚之真意後，始簽名於離婚協議書上，其簽名應具效力。**故被上訴人謂不認識甲〇〇，甲〇〇未曾親聞其具離婚真意云云，亦非可採。……

臺灣臺中地方法院 100 年度家訴字第 380 號民事判決摘要

主文：

確認原告與被告間婚姻關係存在。

訴訟費用由被告負擔。

准反訴原告與反訴被告離婚。

訴訟費用由反訴被告負擔。

理由：

一、本訴確認婚姻關係存在：

（三）經查：……綜觀兩造陳述及證人證述，足徵兩造之離婚協議書係由兩證人先行簽名，而兩證人簽名時，被告均未在場，且均未向被告確認是否有離婚真意，嗣被告在兩證人簽名完後，於另一時地始行簽章，核四人所述時間及經過，均無矛盾，堪信前揭兩證人證述可採。則兩證人未知兩造離婚真意，即在兩造離婚協議書證人欄上署名，應堪認為真正。

二、反訴請求離婚部分：

（二）**反訴原告主張反訴被告於九十五年間與異性發生性行為**，雙方並因此爭執不休等事實，業據反訴原告之弟林〇勳到庭結證稱：「他們常常在爭吵，可能是因為原告（即反訴被告）召妓女，把召妓女的

光碟放給我姊姊看，我姊姊心理受到創傷，長期去看醫生及吃藥。所以我認為他們離婚（即九十六年離婚事件）是真的。（兩造在離婚前之感情如何？）不好，常常意見不合」等語。證人即反訴原告之父林〇玉亦結證稱：「（兩造在離婚前之感情如何？）不好，常常意見不合。也常常談到離婚之事」等語。且**反訴被告對前揭事實亦不爭執，……。又九十六年底反訴原告離家，反訴被告竟另與他女子即胡〇琴結婚，**有戶籍謄本為證，並為反訴被告所不爭執，反訴被告固爭執因為照顧子女始為聘用外傭行為，核於常情不符，**蓋反訴被告既知兩造婚姻仍存續，仍與人結婚，無疑對兩造婚姻造成重大傷害。再者，反訴被告復於一百年五月三日八時三十分，在反訴原告所屬公司停車場對反訴原告施以暴力行為，亦有本院一百年度司暫家護字第五八一號民事暫時保護令及一百年度家護字第六三四號民事通常保護令在卷可稽，則反訴被告對反訴原告施以暴力行為，亦可認定。**

第二部

財產分配篇

特殊標的怎麼分？

保單也算財產？
離婚要求將保單價值準備金拿來分配合理嗎？

　　唐先生與唐太太最終婚姻還是撐不過五年，唐先生本就酷愛買保險，離婚時唐先生的保單價值高達新台幣八十萬元，唐先生認為保費是自己繳的，當然不想拿出來列入分配，於是主張保單價值準備金並非現實存在的財產，所以不是剩餘財產分配的標的。但唐太太可不這麼想，唐太太認為唐先生付保費的錢既然是婚後繼續工作賺來的，自然是「婚後財產」的一部分，依法應該要拿出來分才對！為此，兩人爭吵不休，只好到律師事務所尋求專業建議……

律師貼心話：

　　關於「保單價值準備金」在夫妻離婚後剩餘財產分配的爭議中，法院認為，保單本身有保單價值準備金時，要保人隨時可以向保險公司提出申請辦理保單質借，而且人壽保險的要保人隨時都可以向保險公司提出解約，這兩

個理由就足以證明保單是一種「有價證券」，故具有財產價值，因此保單價值準備金應列入婚後財產，屬於剩餘財產分配的範圍。

「保單價值準備金」，或稱「保單價值」，係源自於人壽保險採平準保費制下保險費的預繳，除了在符合一定條件下保險人有應返還的義務外，也作為計算契約停止效力、減少保險金額或年金、受益人對保險債權之基準，形式上所有權雖歸屬保險人，實質上權利應歸屬要保人所有。

關於保單價值的舉證方式，需函詢保險公司，保險公司會回覆如以下資訊：「富〇人壽保險公司〇〇年〇月〇〇日富壽諮詢字第 1010000928 號覆鈞院函，被告於 91 年 3 月 3 日結婚時保單價值為 6,326 元、99 年 5 月 21 日兩願離婚登記時淨值為 42,492 元」，直接將保單價值計算出來。

高雄少年及家事法院 100 年度家訴字第 188 號民事判決

主文：

本訴原告之訴駁回。

訴訟費用由原告負擔。

反訴被告應給付反訴原告新臺幣壹拾肆萬零伍拾捌元及自民國一百零一年五月九日起至清償日止，按年息百分之五計算之利息。

反訴原告其餘之訴駁回。

訴訟費用由反訴被告負擔十分之九，餘由反訴原告負擔。本判決反訴原告勝訴部分得假執行，但反訴被告如以新臺幣壹拾肆萬零伍拾捌元

特殊標的

分配數額調整

婚後財產贈與

價值計算

合意分配

夫妻間借名登記

為反訴原告預供擔保，得免為假執行。

理由：

……3. 按人壽保險之保單價值準備金於危險事故發生前，係用以作為
保險人墊繳保費、要保人實行保單借款、終止契約等保險法上之原因，
保險人應給付要保人金額之計算基準，此觀保險法第 116 條第 8 項、
第 119 條及第 120 條規定自明，此部分金額形式上之所有權雖歸屬保
險人，實質上之權利由要保人享有，故其有財產價值，原則上應屬要
保人所有，最高法院著有 101 年度台上字第 227 號判決意旨可資參照。
準此，婚後所訂以兩造為要保人之人壽保險，其保單價值準備金自應
列入婚後財產。原告雖以保險人並無返還「保單價值準備金」於兩造
之義務，亦即兩造對於保險人並無「保單價值準備金」之債權存在，
該等「保單價值準備金」即非現存之婚後財產，不應列入雙方婚後財
產計算云云，惟系爭人壽保險保單均可由要保人隨時向保險公司提出
解約之申請，且該保單有保單價值金時，可由要保人隨時向公司提出
申請辦理保單貸款，有富邦人壽保險股份有限公司 101 年 8 月 7 日富
壽諮詢字第 1010002190 號函附說明在卷可憑（參本院卷三第 128-129
頁），系爭保單既隨時可解約提領現金，或不解約而為質借，足證係
有價證券無訛，是原告以兩造對保險人無債權存在，該保單價值準備
金非現存之婚後財產，顯屬無據，尚不足採信。則原告婚後持有保單
價值 793,967 元及被告之 198,190 元均應列入計算。

相關 法條	**民法第 1030-1 條** 法定財產制關係消滅時，夫或妻現存之婚後財產，扣除婚姻關係存續所負債務後，如有剩餘，其雙方剩餘財產之差額，應平均分配。但下列財產不在此限： 一、因繼承或其他無償取得之財產。 二、慰撫金。 依前項規定，平均分配顯失公平者，法院得調整或免除其分配額。第一項請求權，不得讓與或繼承。但已依契約承諾，或已起訴者，不在此限。第一項剩餘財產差額之分配請求權，自請求權人知有剩餘財產之差額時起，二年間不行使而消滅。自法定財產制關係消滅時起，逾五年者，亦同。

特殊標的

分配數額調整

婚後財產贈與

價值計算

合意分配

夫妻間借名登記

榮民就養金算不算收入？
可否列入婚後財產進行分配？

　　張伯伯隨著國軍來臺後，即在臺灣落腳。遲遲單身未婚的張伯伯，本以為退休後就這樣領著微薄的榮民就養金孤單終老，但在命運牽引下認識了阿英，兩人認識後，深覺彼此就是攜手終生的伴侶而決定結婚。詎料，相愛容易相處難，兩人終究走上離婚一途。因張伯伯婚後主要以榮民就養金為收入，請問榮民就養金是否也應該算入夫妻剩餘財產分配呢？

律師貼心話：

　　「榮民就養金」是依照國軍退除役官兵輔導條例規定發放的，法院認為就養金是政府核發的救助金額，不能視為收入。不過即使視為收入，就養金也不是夫妻他方付出勞力而獲得的。基於夫妻剩餘財產分配的立法目的是為了貫徹男女平等原則，及肯定家事勞動價值，就養金不應列進婚後財產為分配。

高雄少年及家事法院 105 年度家簡字第 19 號民事判決摘要

主文：

原告之訴駁回。

本訴訴訟費用由原告負擔。

反請求被告應給付反請求原告新臺幣壹萬零柒佰陸拾元，及自民國一

第二部 財產分配篇
——特殊標的怎麼分？

特殊標的

分配數額調整

婚後財產贈與

價值計算

合意分配

夫妻間借名登記

〇五年七月十四日起至清償日止，按週年利率百分之五計算之利息。

反請求原告其餘之訴駁回。

反請求訴訟費用由反請求被告負擔十分之一，餘由反請求原告負擔。

本判決第三項得假執行，但反請求被告如以新臺幣壹萬零柒佰陸拾元為反請求原告預供擔保，得免為假執行。

理由：

……（一）被告於 103 年 11 月 25 日於系爭灣仔內郵局、星展銀行之存款，是否得列入夫妻剩餘財產之分配？

1. 原告主張被告於系爭灣仔內郵局及星展銀行之存款，均為被告替代工作收入之榮民就養金或外出撿資源回收之勞力所得云云，被告則爭執上開存款性質，並以前詞置辯。經查，證人即被告之女萬〇財到庭證稱：榮家給被告之錢，主要是放在郵局定存，後來伊發現星展銀行之定存比郵局高，即把錢定存至星展銀行，星展銀行還有一些被告的資源回收，或過節時子女所給予被告之紅包；被告婚後沒有工作，鄰居把一些資源回收物品給被告，被告賣後累積幾仟元，即請伊去存；被告很節儉，有時教會有聚餐剩的東西，被告就帶回來，被告如果身上沒有錢花，就會打電話請伊去郵局或銀行領錢給被告，有時候被告就花資源回收來的錢，被告較大花費金額是其結婚時領了一筆 20 萬元，過年發紅包給小孩、孫子及支付孫子補習費等；最近幾年被告年紀大，常進出醫院，甚至開刀，伊即將星展銀行之定存解約轉活期存

款等語明確（見本院卷二第 32 至 36 頁），核與被告到庭所述是其請證人去領錢供己花用等語大致相符；參以被告因衰老於 78 年 7 月 1 日即經核准就養生效，並經國軍退除役官兵輔導委員會高雄市榮民服務處（下稱榮服處）按月以匯入郵局之方式給與就養金等情，有榮服處 104 年 4 月 17 日高市榮字第 1040005778 號函文暨所檢附之被告就養資料、就養給付歷年調整統計表、查詢給付檔結果表在卷可佐（見本院卷一第 119 頁至 124 頁），由上情得悉，被告與原告於 90 年底結婚當時，已領取就養金近 12 年，時屆 74 歲之高齡，婚後距 103 年 11 月 25 日剩餘財產計算基準時點，復歷經 13 年，堪認被告於系爭灣仔內郵局、星展銀行存款之「主要來源」為榮服處給予之「就養金」。

2. 惟原告主張被告所領取之榮民就養金，其性質為代替工作之收入，應列入剩餘財產之分配云云，為被告否認。經查：「退除役官兵身心障礙或年老，無工作能力者，應專設機構，採全部供給制或部分供給制安置就養；其就養標準，由輔導會擬訂，報請行政院核定之。前項採全部供給制就養之身心障礙人員，輔導會應酌予身心障礙重建。採全部供給制就養人員發給之就養給付，不得作為扣押、抵銷、供擔保或強制執行之標的。但溢領或誤領部分之就養給付，輔導會得自其發給之就養給付中扣抵。」，國軍退除役官兵輔導條例第 16 條定有明文。依前開條例 100 年 1 月 26 日之修正理由說明：「**上開條文所稱就養給付係為社會福利給付，具有社會安全制度性質，該給付之請領，不應因其他債權執行而影響榮民生活；並與其他社福、保險給付具有一致性。**」，參以內政部就「就養金」應視為收入抑或視為政府核發之救

特殊標的

分配數額調整

婚後財產贈與

價值計算

合意分配

夫妻間借名登記

助金額一節，曾函釋「榮民院外就養金係依前揭規定發給，以年老貧困生活無著者為對象，雖寓有『崇功報勳』精神，但以『養所當養』為原則，故並非每一榮民普遍應享權益，亦非勞動所得或其退除待遇，且經獲准就養之榮民，如生活已獲改善或子女有成足以扶養，依法必須停止就養，係屬『臨時濟助』性質，是以榮民院外就養金應屬政府核發之救助金額。」，有內政部台內社第 0000000000 號函附卷可佐，準此，**就養金應不能視為收入**甚明，是原告主張榮民就養金性質為代替工作之收入，委無可採。況縱認就養金性質為「代替工作之收入」，然本件被告於 78 年 7 月 1 日兩造結婚前已因衰老符合榮民就養金要件而開始請領，其所領取之就養金原無原告之勞力於其中，基於夫妻剩餘財產分配之立法目的既在貫徹男女平等原則及肯定家事勞動價值，自不應列入剩餘財產分配範圍，故被告此節抗辯，洵屬有據。

分配數額調整的可能

另一半預謀離婚、惡意脫產，
能否要求追加分配數額？

孟先生與徐小姐結婚多年，後因孟先生感情出軌，夫妻關係生變，孟先生甚至因此離家不回，更藉口徐小姐與夫家相處不睦，訴請離婚。離婚訴訟中，徐小姐發現孟先生於提出離婚訴訟前兩個月偷偷處分名下的銀行帳戶約新台幣一百萬元，按民法第 1030-3 條之規定，應追加計算，法院又會怎麼處理呢？

律師貼心話：

法院判斷是否有「主觀上難謂無為減少他方對於剩餘財產之分配之惡意」，通常會參考當事人工作性質來判斷該支出是否為工作上所必要之花費、平常提領款項的使用習慣、若證人為當事人親人則證言是否有偏頗之可能、雙方感情惡化的時間點等。而本件法院即是參考上列參數，認為孟先生

特殊標的

分配數額調整

婚後財產贈與

價值計算

合意分配

夫妻間借名登記

短短兩個月處分約一百萬元，符合主觀上為減少他方對於剩餘財產之分配之惡意，則自應將之追加計算視為孟先生的婚後財產。

臺灣新北地方法院 104 年度家訴字第 160 號民事判決摘要

主文：

被告應給付原告新臺幣伍拾萬貳仟壹佰壹拾元及自民國一百零四年九月二十二日起至清償日止，按年息百分之五計算之利息。

原告其餘之訴駁回。

訴訟費用由被告負擔十分之一，餘由原告負擔。

本判決第一項於原告以新臺幣拾陸萬元為被告供擔保後得假執行；但被告如以新臺幣伍拾萬貳仟壹佰壹拾元為原告預供擔保，得免為假執行。

原告其餘假執行之聲請駁回。

理由：

……（三）原告請求分配兩造剩餘財產差額部分：……（2）原告主張被告於 101 年 4 月 23 日後至 101 年 7 月 8 日止，陸續提領系爭中國信託商業銀行帳戶款項，共計 0000000 元，乃惡意處分而減損其剩餘財產之分配應追加計算視為婚後財產等語。經查，被告系爭中國信託商業銀行帳戶於 101 年 4 月 23 日匯入出售兩造婚後購買房屋之餘款

0000000 元後，被告頻繁自該帳戶提領款項，於 101 年 7 月 8 日該帳戶餘款為 0000000 元，有中國信託商業銀行 105 年 4 月 28 日中信銀字第 10522483922991 號函暨所附交易明細可稽（見本院卷第 118 頁至第 123 頁），且為兩造不爭執，**堪信被告確於 101 年 4 月 23 日後至 101 年 7 月 8 日止，陸續自其中國信託商業銀行帳戶提領款項達 0000000 元。**

（3）被告抗辯其投資地下期指而慘輸 50 多萬元；且被告平日喜歡蒐集萬寶龍鋼筆、原子筆，每支高達萬元以上，被告花費將近 25 萬元購買；又被告愛好騎自行車，101 年 5 月間曾花 15 萬元購買 2 手自行車；又該段時間進入夏季，被告替父母親購冷氣機，再購買按摩椅給父母親使用，亦花了近 30 萬元；另被告因為開刀之需，於 101 年 6 月 24 日花費 156000 元購買手術放大鏡、LED 頭燈等語。**其中被告所抗辯於 101 年 6 月 24 日曾向德實科技有限公司購買手術放大鏡、LED 頭燈部分，業提出德實科技有限公司購買證明、購買物品照片 3 紙可稽（見本院卷第 303、304 頁），且與被告中國信託商業銀行交易明細資料於 101 年 6 月 24 日前後陸續提領款項尚屬相符，而被告為外科醫生，因工作所需購置手術放大鏡、LED 頭燈，並無不合理之處，被告於 101 年 6 月 24 日花費 156000 元購買手術放大鏡、LED 頭燈，難認有為減少原告剩餘財產分配之惡意而處分財產之主觀意思。**至被告於 101 年 4 月 23 日後至 101 年 7 月 8 日止，陸續自系爭中國信託商業銀行帳戶提領之其餘款項，共計 999398 元（0000000 元－ 156000 元＝ 999398 元），被告雖提出萬寶龍鋼筆之照片為證（見本院卷第 297 頁至第

302 頁），然無從推認被告所持萬寶龍鋼筆係上開期間購入，亦無從
證明被告購買金額，已難遽信。又證人即被告母親丁○芬雖到院證稱：
被告曾替伊及伊先生住家裝冷氣，因為家理舊冷氣聲音太大，另伊先
生身體不舒服，所以被告替伊等購冷氣及按摩椅。且被告有蒐集萬寶
龍鋼筆、原子筆的習慣，因為他喜歡萬寶龍鋼筆、原子筆等語（見本
院卷第 268 頁），然證人丁○芬為**被告母親，其立場非無偏頗之可能**，
且關於證人前揭證述復無相關證據足佐，自無從逕為有利於被告認定
之依據。**況且，被告系爭中國信託商業銀行帳戶存款交易明細於 101
年 4 月 23 日匯入出售兩造婚後購買房屋之餘款 0000000 元後，至 101
年 7 月 8 日止提領款項 0000000 元左右，與被告於 101 年 4 月 23 日前
使用系爭中國信託商業銀行帳戶係按月存入、提領 14000 元左右之使
用習慣差異甚大，其提領款項之用意已啟人疑竇，被告就提領上開款
項之用途復未提出相關物證以實其說，復參以兩造於 100 年 6 月間開
始分居，感情已有變化，被告更於 101 年 7 月 19 日對原告提起離婚、
確認婚姻無效訴訟，堪認其主觀上難謂無為減少他方對於剩餘財產之
分配之惡意，則其處分 999398 元（0000000 元－156000 元＝999398 元）
自應將之追加計算視為被告婚後財產。**

（4）綜上，被告處分 999398 元應將之追加視為被告現存之婚後財產
計算。

特殊標的

分配數額調整

婚後財產贈與

價值計算

合意分配

夫妻間借名登記

老公遊手好閒又外遇，離婚還得分他一半財產，這樣公平嗎？

　　小傑跟小靜在網路聊天室認識後火速陷入熱戀，閃婚後不久即生下女兒菲菲，婚後小靜辛勤工作並努力賺錢養家，小傑不僅整日遊手好閒、不務正業，某日晚上小靜竟在小傑的手機裡發現他與學妹的曖昧簡訊：「傑哥哥……好想念你抱我的感覺喔～好甜蜜」、「老公好想緊緊地抱住你聞你的氣息」。小靜因此心灰意冷，決心訴請離婚，惟小靜認為小傑可取得她剩餘財產差額之半數有失公平，可否向法院請求調整其分配額度？

律師貼心話

　　法院調整剩餘財產分配額度時，除審酌對方有何不務正業、浪費成習等，於財產之增加並無貢獻者之情事，如社工師的訪視報告、可資證明雙方婚後財產及負債狀況的單據等，同時認為對雙方婚姻之不和諧有較重責任者，如在婚姻存續期間與其他異性有交往情形者，亦將酌減其可分得剩餘財產的額度。

　　本件案例中，法院認為小靜對家庭財產增加的貢獻程度比小游高，而小游對於婚姻的不和諧有較重的責任，如將剩餘財產差額予以平均分配，將顯失公平，爰依民法第 1030 條之 1 第 2 項規定，調整其分配額為二比一，即小游得請求的數額僅為剩餘財產差額的三分之一。

臺灣高等法院 102 年度家上易字第 5 號民事判決摘要

主文：

原判決關於駁回上訴人後開第二項之訴部分，並訴訟費用之裁判廢棄。

被上訴人應給付上訴人新台幣參拾伍萬零伍拾伍元，及自一百年四月八日起，至清償日止，按週年利率百分之五計算之利息。

其餘上訴駁回。

第一、二審訴訟費用，由被上訴人負擔二分之一，餘由上訴人負擔。

理由：

……（二）按依民法第 1030 條之 1 第 1 項規定，平均分配顯失公平者，法院得調整或免除其分配額，同條第 2 項定有明文。其立法意旨以：**夫妻一方有不務正業，或浪費成習等情事，於財產之增加並無貢獻者，自不能使之坐享其成，獲得非分之利益。此際如平均分配，顯失公平，應由法院酌減其分配額或不予分配**（前述立法意旨所舉情形為例示而非列舉），故如有前述各等情，法院自得依職權酌減其分配額或不予分配。

經查：

1、兩造於 91 年 6 月 8 日結婚，育有二名未成年子女林○○（00 年 00 月 00 日生）、林○○（00 年 0 月 00 日生），上訴人在石材公司工作

月入約 5 萬元，被上訴人從事旅行業，月入 3 萬元，若加上獎金最多有 7 至 8 萬元收入（見原法院 98 年婚字第 9 號離婚事件卷第 101 頁背面至 102 頁筆錄，第 109 頁社團法人臺北縣社會工作師公會訪視報告），上訴人於離婚時現存婚後財產僅有存款 3,540 元，被上訴人應納入婚後財產為 198 萬 4,744 元，負債為 93 萬 1,040 元，被上訴人雖有負債，但有努力繳納貸款蓄積財產，方能於婚後購置系爭新竹房地，**足見兩造雖均有正常職業及收入，但就家庭財產之增加，則以被上訴人有較大之貢獻。**

2、參以，上訴人自 97 年 4 月自行帶走兩造次女林○○離家（見前開離婚事件卷第 7 頁起訴狀，原法院 98 年度監字第 287 號酌定監護人裁定第 8 頁反面），被上訴人於 97 年 11 月 28 日以上訴人有「與配偶以外之人合意性交」、「惡意遺棄」等事由起訴請求離婚，並提出手機簡訊等資料（見前開離婚卷第 17 至 51 頁），上訴人雖否認有婚外性行為，但自承前開手機簡訊為拍攝自其所有之手機等語（見前開離婚卷第 76 頁），而依前開上訴人手機簡訊述及「愛你的情人」、「只有喜歡妳還有我現在正在想念妳」、「對妳的愛有增無減對妳情越來越深每日的思念抵擋不了愛妳的心」等語（見前開離婚卷第 17 頁背面、18 頁、19 頁）；女方手機述及「○哥哥……好想念你抱我的感覺好甜蜜」、「老公好想緊緊的抱住你聞你的氣息」等語（見前開離婚卷第 20 頁、30 頁背面，足見**上訴人有於婚姻存續期間與其他女性交往情形，以上原因均影響兩造婚姻和諧。**

……4、兩造於婚姻存續期間,對家庭財產增加之貢獻程度以被上訴人較高,對於兩造婚姻之不諧上訴人則有較重之責任,如將前開剩餘財產差額 105 萬 164 元予以平均分配,顯失公平,爰依民法第 1030 條之 1 第 2 項規定,調整其分配額為 2 比 1,上訴人得請求之數額為剩餘財產差額三分之一,即 35 萬 55 元(1,050,164÷3 = 350,055,元以下四捨五入)。

特殊標的

分配數額調整

婚後財產贈與

價值計算

合意分配

夫妻間借名登記

家計獨自擔，財產對分我不服！

　　小游跟花花相識不到一個月即陷入熱戀，並閃電登記結婚，且立刻做人成功，然而婚後小游卻因新鮮感不再，對家庭生活心生厭倦而早出晚歸，甚至徹夜不回家。花花認為小游無心經營婚姻、兩人緣分已盡，一個人獨力養家的花花便萌生離婚念頭，但想到小游從未盡過人夫人父之責，離婚卻還要把自己辛辛苦苦賺來的錢拿出來分配，就覺得很不公平，花花於是決定訴請離婚，可否請求法院調整其分配額度？

律師貼心話：

　　剩餘財產分配是否顯失公平，有無調整或免除分配額度之必要？法院係以夫妻雙方之稅務電子閘門財產所得調件明細表，知悉婚姻關係存續中之雙方的收入高低，再採用小游跟花花的未成年子女於審判中之證詞，作為審酌的依據。

　　花花承擔了大部分之家務，又獨力養家並努力工作賺取薪資，其收入自然遠遠高於遊手好閒的小游，法院因此認為兩人在婚姻關係存續中所累積剩餘財產之差額，如仍須平均分配，將顯失公平，而應酌減分配予小游之數額，爰依民法第 1030 條之 1 第 2 項規定，將之調整為花花分配三分之二，小游分配三分之一。

特殊標的

分配數額調整

婚後財產贈與

價值計算

合意分配

夫妻間借名登記

臺灣高等法院 103 年度家上更（一）字第 8 號民事判決摘要

主文：

原判決除確定部分外，關於命上訴人給付逾新臺幣貳佰柒拾玖萬零柒佰參拾壹元本息，及其假執行之宣告暨該訴訟費用部分廢棄。

上開廢棄部分，被上訴人在第一審之訴及假執行之聲請均駁回。

其餘上訴駁回。

除確定部分外，廢棄改判部分之第一、二審及發回前第三審訴訟費用，由被上訴人負擔；駁回部分之第二審及發回前第三審訴訟費用，由上訴人負擔。

理由：

……（二）又聯合財產關係消滅時，以夫妻雙方剩餘財產之差額，平均分配，乃為貫徹男女平等之原則。例如夫在外工作，或經營企業，妻在家操持家務、教養子女，備極辛勞，使夫得無內顧之憂，專心發展事業，其因此所增加之財產，不能不歸功於妻子之協力，則其剩餘財產，除因繼承或其他無償取得者外，妻自應有平均分配之權利，反之夫妻易地而處，亦然。爰增設民法第 1030 條之 1 第 1 項之規定。惟**夫妻一方有不務正業，或浪費成習等情事，於財產之增加並無貢獻者，自不能使之坐享其成，獲得非分之利益。此際如平均分配，顯失公平，應由法院酌減其分配額或不予分配。**爰增設第 2 項（參照民法第 1030-1 條於 74 年 6 月 3 日增訂之立法理由）。本院審酌上訴人於 94

年至 99 年之所得依序為 1,420,716 元、1,482,475 元、1,590,306 元、1,561,710 元、1,377,757 元、2,937,036 元，被上訴人於 94 年至 99 年之所得依序為 182,353 元、183,280 元、314,699 元、319,272 元、286,119 元、251,373 元，有雙方之稅務電子閘門財產所得調件明細表可參（見原審卷二第 106-153、165-182 頁）。可知上訴人於婚姻關係存續中之收入一向高於被上訴人。又依證人即兩造所生未成年子女甲○○證稱：**伊就讀小班時，爸爸常跟媽媽吵架，那時候起就很少回家，**伊沒有印象爸爸幫伊處理什麼事情，都是媽媽在處理等語，另未成年子女乙○○證稱：之前同住的時候，**爸爸很少回家，有回家都是半夜回來，那時候我們都在睡覺，隔天早上又出去**等語（見原審卷二第 214、215 頁）。足認自甲○○就讀小班時（甲○○為 89 年 10 月 14 日生，其就讀小班時約 93 年間）起，**被上訴人即時常在外滯留未歸，由上訴人負擔大部分家務及照顧未成年子女之工作，**嗣被上訴人於 97 年 7 月間搬離他住乙節，此為兩造所不爭執（見本院更（一）卷一第 220 頁反面），可知自 99 年 7 月之後係由**上訴人獨力操持家務及扶養 2 名未成年子女，上訴人斯時須工作賺取薪資，復承擔大部分之家務，其收入又遠高於被上訴人，因認兩造於婚姻關係存續中所累積剩餘財產之差額，如仍予平均分配者，顯失公平，爰依民法第 1030 條之 1 第 2 項規定，將之調整為上訴人分配 2/3，被上訴人分配 1/3。**依此計算，被上訴人得請求分配之剩餘財產差額為 3,140,495 元（9,421,486 元 ×1/3 ＝ 3,140,495 元，元以下四捨五入，以下同）。

婚後財產贈與

特殊標的

分配數額調整

婚後財產贈與

價值計算

合意分配

夫妻間借名登記

太過份了！配偶擅自將名下房子贈與長輩，可以依法討回房產嗎？

　　林太太與林先生是對人人稱羨的佳偶，但某一天林太太發現林先生竟然把他名下用婚後財產購買的房地，贈與並移轉登記給林先生的母親。二人於是起了爭執，林太太認為縱然該房地登記在林先生的名下，但林先生用來買房的婚後財產是二人婚姻中共同努力的成果，所以房地不能夠隨便贈與給他人，林太太在法律上可不可以要求林先生的母親返還房地給林先生呢？答案是可以的，讓我們往下看！

律師貼心話：

　　房地自備款新台幣一百八十萬元部分：法院認定，自備款部分係由林先生「婚後」所設立的「銀行帳戶」轉出，故為林先生以婚後財產所支付。

　　房地貸款新台幣七百一十萬元部分：法院認定，房地貸款部分是由林先生的「婚後工作薪資帳戶」每月扣款所繳納，也屬於林先生以婚後財產所支付。

　　本案房地自備款、貸款部分，皆由林先生以婚後財產購買，自為林先生的婚後財產，林先生將房地贈與並登記給林先生的媽媽，林太太除能依民法第 1020 條之 1 第 1 項規定撤銷林先生所為贈與之債權行為及物權行為外，更能類推適用民法第 244 條規定，請求林先生的母親將該房地的移轉登記塗銷，將房地歸還給林先生。

臺灣高等法院 104 年家上字第 122 號民事判決

主文：

上訴駁回。

第二審訴訟費用由上訴人負擔。

理由：

……被上訴人主張林○宇於婚姻關係存續中，將系爭○○區房地贈與黃○釧，有害及法定財產制關係消滅後伊之剩餘財產分配請求權等語。上訴人則以：林○宇係以婚前財產購入系爭○○區房地，該房地非屬林○宇之婚後財產，且林○宇將之贈與黃○釧，係為履行道德上義務云云置辯。經查：

一、關於支付現款 180 萬元部分：……被上訴人固未爭執前開帳戶轉帳及匯款之事實，惟否認國泰證券帳戶內之存款為林○宇之婚前財產。**查上訴人係於婚後之 96 年 12 月 13 日開立系爭國泰證券帳戶，並於該**

特殊標的

分配數額調整

婚後財產贈與

價值計算

合意分配

夫妻間借名登記

日存入 50 萬元（見原審卷一第 121 頁）。其主張該帳戶內之存款均為婚前財產云云，然依上訴人所提出之土地登記申請書、國泰證券帳戶存摺明細、林○宇之父林○泰新北市○○區農會帳戶（下稱林○泰農會帳戶）存摺明細（見本院卷第 23-28、36-42、53-61 頁、原審卷一第 126-127 頁）等證據，**僅得觀知林○宇於 89 年 1 月 21 日自林○泰處受贈坐落桃園市○○區○○○○段○○○○○段 0000 地號土地應有部分 74/1000，上開土地全部於 93 年 4 月 2 日以 15,715,200 元出售，暨林○泰農會帳戶於 96 年 12 月 12 日提領 200 萬元，國泰證券帳戶於 96 年 12 月 13 日存入 50 萬元等情，並未證明國泰證券帳戶開戶時存入之 50 萬元即係前開土地出售故而為林○宇之婚前財產。況上訴人自陳該帳戶乃黃○釧代林○宇操作股票所使用之帳戶（見本院卷第 20 頁），則該帳戶內於林○宇婚後操作股票之獲利款項，應仍屬林○宇之婚後財產。**是上訴人提出之國泰證券帳戶雖於 99 年 10 月 19 日、99 年 10 月 29 日分別匯款支付系爭○○區房地自備款 45 萬元、1,145,572 元，無從證明係由林○宇婚前財產支付。

二、關於貸款 710 萬元部分：依林○宇陳述：伊薪資匯入聯邦銀行北桃園分行帳戶（下稱聯邦銀行帳戶），用以繳納該貸款（見本院卷第 155 頁），並提出該帳戶往來明細為證（見本院卷第 133-141 頁）。觀之該帳戶往來明細，自 99 年 12 月起至 104 年 6 月止，每月均有放款本息共 34,000 餘元至 37,000 餘元之扣款紀錄，**足認系爭○○區房地之貸款係以林○宇婚後工作薪資繳納。……況購買該房地之現款係由林○宇以婚後財產所繳納如上述，該房地自為林○宇之婚後財產無疑。**

三、系爭○○區房地既為林○宇婚後財產，其於婚姻關係存續中，將該房地所有權贈與黃○釧之無償行為，確有害於被上訴人於法定財產制關係消滅時之剩餘財產分配請求權。上訴人固以基於子對母奉養及黃○釧有支出買賣價金 45 萬元等情，主張林○宇將上開房地贈與黃○釧為履行道德上義務云云。然佐以黃○釧名下有房屋、土地及田賦各 1 筆、投資 20 筆，財產總額 3,133,997 元，有其稅務電子閘門財產所得調件明細表可參（見原審卷第 89 頁反面 -91 頁），於 104 年 7 月 15 日更匯款 3,238,656 元代林○宇結清系爭○○區房地之貸款如上述，難認黃○釧不能以自己之財產維持生活。況林○宇果欲扶養黃○釧，亦得以按月支付扶養費之方式為之，尚無將該筆以 890 萬元購得之房地全數贈與黃○釧之必要。又林○宇因黃○釧有支出買賣價金 45 萬元而對黃○釧所負之義務乃法律上之義務，並非道德上之義務，是均無從認定林○宇負有將上開房地贈與黃○釧之道德上義務。從而，被上訴人依民法第 1020 條之 1 第 1 項規定，請求撤銷上訴人間就系爭○○區房地贈與之債權行為及物權行為，即屬有據。

四、按依民法第 1030 條之 1 規定，夫或妻於法定財產制關係消滅時，對雙方婚後剩餘財產之差額，固有請求分配之權，惟如夫或妻之一方於婚姻關係存續中，就其所有之婚後財產為無償行為，致有害及法定財產制消滅後他方之剩餘財產分配請求權時，如無防範之道，婚後剩餘財產差額分配容易落空，爰參酌民法第 244 條第 1 項規定之精神增訂同法第 1020 條之 1 規定，此為民法於 91 年 6 月 26 日增訂上開規定

第二部 財產分配篇
—— 婚後財產贈與

特殊標的

分配數額調整

婚後財產贈與

價值計算

合意分配

夫妻間借名登記

之立法理由所明揭。立法者對於夫或妻之一方於法定財產制關係消滅後之剩餘財產分配請求權，既已增訂上開第 1020 條之 1 賦予撤銷權，未一併參照同法第 244 條第 4 項之規定，令受益人或轉得人負有回復財產原狀之義務，此對於該方剩餘財產分配請求權之保護未盡周全，非惟與前開增訂意旨旨趣有違，更有害於交易安全，應係立法者立法時因疏略而產生之法律漏洞。既有與債權人行使撤銷權後，於有必要時命受益人或轉得人返還財產權之同一基礎，應類推適用同法第 244 條第 4 項規定，以填補該漏洞。**職故，被上訴人類推適用民法第 244 條第 4 項規定，訴請黃○釧塗銷系爭○○區房地之所有權移轉登記，洵屬有據，應予准許。**

六、綜上所述，被上訴人依民法第 1020 條之 1 第 1 項規定，請求撤銷上訴人間就系爭○○區房地所為贈與之債權行為及物權行為，並類推適用同法第 244 條第 4 項規定，請求黃○釧塗銷上開房地所有權移轉登記，為有理由，應予准許。

| 相　關
法　條 | **民法第 1020 條之 1 第 1 項**
夫或妻於婚姻關係存續中就其婚後財產所為之無償行為，有害及法定財產制關係消滅後他方之剩餘財產分配請求權者，他方得聲請法院撤銷之。但為履行道德上義務所為之相當贈與，不在此限。
民法第 244 條第 4 項
債權人依第一項或第二項之規定聲請法院撤銷時，得並聲請命受益人或轉得人回復原狀。但轉得人於轉得時不知有撤銷原因者，不在此限。 |

房子送小孩，意在降低分配財產數額？
如何認定，還請法院說清楚

　　陳先生和溫小姐結婚多年，婚後陳先生遠赴大陸打拚事業，溫小姐則留在臺灣育兒養家，然而距離使兩人感情生變，最終還是走上了離婚一途。在訴訟過程中，兩人為了離婚後財產的分配爭執不休，其中有間房子是溫小姐在婚後買來送給兒子的，但陳先生總覺得那間房子肯定是溫小姐為了減少他剩餘財產的分配，才會在離婚前趕緊把房子移轉給兒子，一定要將房子計入剩餘財產分配才公平，那法院會怎麼認定呢？

律師貼心話：

　　夫妻在結婚時若沒有特別約定，依民法規定會適用法定財產制，也就是原則上夫妻的財產為各自所有，且由夫妻各自管理、使用、收益及處分，對方是沒有權利干涉的。但例外於夫妻離婚時，為了不讓配偶分配到剩餘財產或是為了減少配偶可以拿的剩餘財產，故意先把婚後財產處分掉，在此情形，配偶可以將離婚前五年內另一方處分掉的財產追回來計算，避免配偶任意處分婚後財產，產生不公平的分配。

　　那在離婚前五年內將不動產贈與給小孩，或是送了白花花的鈔票給小孩，也需要追回來計算嗎？其實民法有規定，如果是「履行道德上義務所為的贈與」，是例外不用將處分的財產追回計算的。而法院通常會依個案認定是否屬於履行道德義務的行為，例如：對於父母贈與小孩動產（例如：白花花的鈔票、小車 Toyota Yaris）的行為，會認為是「人之常情」，屬於履行道德上義務所為的贈與，不須追回計算；但贈與房子可就見仁見智了，有的法官會請主張要分配不動產的那方，提出配偶贈與不動產給小孩是為了減少

他方剩餘財產的分配才故意這麼做的證據；有的法官則會衡量贈與的「時間點」、是否有經配偶「同意」、受贈人是否「不能維持生活而無謀生能力」等理由，來認定是否要將贈與孩子房子的金額追加計回剩餘財產分配的數額中。

臺灣新北地方法院 103 年度婚字第 431 號判決

理由：

……至反請求被告於 102 年 3 月 30 日提領 200 萬元贈與其子雖係無償處分，惟父母贈與子女金錢或具經濟價值之物，乃人之常情，況反請求被告係因前於 102 年 3 月間出售其名下所有門牌號碼為新北市○○區○○路○段 00 巷 00 號 11 樓之 5、之 6 房地，實得價款 12,076,744元【參見本院卷二第 184、228 頁】，始將其中 200 萬元分贈其 2 子，其贈與金額與所得價款相較下非多，難遽謂該贈與乃意圖減少反請求原告對剩餘財產之分配，否則無異限制反請求被告就其財產之處分權。是揆諸前揭之說明，自應由反請求原告就反請求被告於 102 年 3 月 29日及同年 102 年 4 月 19 日自其所有上海儲蓄商業銀行第 ××××××帳號內提領存款共 1220 萬元，係出於「為減少他方對於剩餘財產之分配」之意圖負舉證責任，而反請求原告僅泛言其領款行為距反請求被告訴請離婚時點極近，且其領款用途不當云云，卻對反請求被告上開提領支用行為何以係「為減少他方對於剩餘財產之分配」之舉證付之闕如，是反請求原告就此部分追加計算之主張，於法無據。

特殊標的

分配數額調整

婚後財產贈與

價值計算

合意分配

夫妻間借名登記

臺灣板橋地方法院 100 年度婚字第 431 號判決

理由：

……系爭忠○街不動產，不應列入原告之剩餘財產分配：（1）被告抗辯：兩造婚後於 83 年間購入系爭忠○街不動產，原告於 99 年 9 月 7 日過戶給兩造兒子甲○○與乙○○，又於 99 年 9 月 24 日以信託登記於自己名下，以確保兒子不能處分，故系爭忠○街不動產之價值應依民法第 1030 條之 3 規定追加計算為原告婚後財產。系爭忠○街不動產雖經卓○不動產估價師事務所以每坪 12.2 萬元計算，鑑定價格 2,898,085 元，然被告查詢市價該不動產每坪 23.39 萬元，總價 330 萬元，故鑑定結果反比 83 年購屋時顯然過低，該不動產價值應以 330 萬元計算云云，為原告以前詞所否認。（2）按夫或妻為減少他方對於剩餘財產之分配，而於法定財產制關係消滅前 5 年內處分其婚後財產者，應將該財產追加計算，視為現存之婚後財產。但為履行道德上義務所為之相當贈與，不在此限，民法第 1030 條之 3 第 1 項定有明文。又按當事人主張有利於己之事實者，就其事實有舉證之責任，民事訴訟法第 277 條前段規定甚明。查系爭忠○街不動產前於 83 年 9 月 9 日以買賣為原因登記為原告所有，嗣於 99 年 9 月 7 日復以買賣為原因移轉登記為兩造之子甲○○、乙○○所共有，再於 99 年 9 月 24 日以信託為原因移轉登記為原告所有之事實，有土地及建物登記謄本、異動索引在卷可稽（見本院卷（一）第 83 至 86 頁）。而按稱信託者，謂委託人將財產權移轉或為其他處分，使受託人依信託本旨，為受益人之利益

特殊標的

分配數額調整

婚後財產贈與

價值計算

合意分配

夫妻間借名登記

或為特定之目的，管理或處分信託財產之關係；受託人因信託行為取得之財產權為信託財產，信託法第 1 條、第 9 條 1 項分別定有明文。是系爭忠○街不動產係屬信託財產，且原告必須為受益人甲○○、乙○○之利益或為特定之目的，始得管理或處分系爭信託財產。則系爭忠○街不動產於 99 年 10 月 27 日兩造剩餘財產基準日時，顯非原告得自由處分之現存財產，自不應列入剩餘財產分配。至於被告抗辯原告將系爭忠○街不動產過戶給兩造兒子甲○○與乙○○，又於 99 年 9 月 24 日以信託登記於自己名下，係為減少他方對於剩餘財產之分配，而處分其婚後財產云云，惟未舉證以實其說，尚難採取。

台灣高等法院 101 年度家上字第 226 號民事判決（上訴審）

主文：

原判決關於命上訴人給付超過新臺幣壹佰肆拾陸萬參仟陸佰伍拾柒元本息部分，暨命上訴人負擔訴訟費用之裁判均廢棄。上開廢棄部分，被上訴人在第一審之訴駁回。其餘上訴駁回。附帶被上訴人應給付附帶上訴人新臺幣壹佰肆拾陸萬參仟陸佰伍拾柒元自民國一百年二月二十五日起至清償日止，按週年利率百分之三計算之利息。附帶上訴及其餘擴張起訴聲明均駁回。第一審訴訟費用關於命上訴人負擔部分，及第二審訴訟費用關於上訴部分，由上訴人負擔百分之五十二，餘由被上訴人負擔。第二審訴訟費用關於附帶上訴（含擴張起訴聲明）部

分，由附帶上訴人負擔

理由：

（四）系爭忠○街不動產之價值 289 萬 8085 元，應列入被上訴人之剩餘財產分配。1、被上訴人係以：系爭忠○街不動產於 99 年 9 月間贈與予甲○○、乙○○，顯非兩造剩餘財產基準日之被上訴人現存財產，不應列入剩餘財產分配云云。2、惟按，夫或妻為減少他方對於剩餘財產之分配，而於法定財產制關係消滅前五年內處分其婚後財產者，應將該財產追加計算，視為現存之婚後財產。但為履行道德上義務所為之相當贈與，不在此限。民法第 1030 條之 3 第 1 項定有明文。3、續查，系爭忠○街不動產前於 83 年 9 月 9 日以買賣為原因登記為被上訴人所有；嗣於 99 年 9 月 7 日以買賣為原因移轉登記為甲○○、乙○○所共有；再於 99 年 9 月 24 日以信託為原因移轉登記為被上訴人所有，惟信託契約之受益人為甲○○、乙○○等情，為兩造所無異詞（見上四之（四）所述），並有系爭忠○街不動產之土地建物登記謄本、異動索引附卷可參（見原審一卷第 83 頁至第 86 頁），自當認為實在。4、繼按，稱信託者，謂委託人將財產權移轉或為其他處分，使受託人依信託本旨，為受益人之利益或為特定之目的，管理或處分信託財產之關係。受託人因信託行為取得之財產權為信託財產。信託法第 1 條、第 9 條第 1 項分別定有明文。查系爭忠○街不動產係屬信託財產，受益人為甲○○、乙○○，既經認定如上 3 所示，則被上訴人須為甲○○、乙○○之利益或為特定之目的，始得管理或處分系爭忠○街不

動產,應屬明確。職此,系爭忠○街不動產於兩造剩餘財產基準日時,非被上訴人得自由處分之現存財產,當可確定。5、然按,剩餘財產較少之一方,對剩餘財產較多之他方配偶得請求雙方剩餘財產差額二分之一,此非對於個別不動產上之物權,其計算方法乃為財產之總價額為據。是依民法第 1030 條之 1 規定主張之權利,乃抽象之債權,而非對特定之物(動產或不動產)為主張。查上訴人係抗辯應將系爭忠○街不動產之價值算入被上訴人之財產總額,而非請求移轉系爭忠○街不動產之所有權。是故,系爭忠○街不動產雖於兩造剩餘財產基準日非屬被上訴人之現存財產,但是否應將系爭忠○街不動產列入被上訴人之財產而計算其價值,要屬二事。6、復查,被上訴人係於兩造離婚前一個多月前,將系爭忠○街不動產移轉為甲○○、乙○○共有,但未取得對價,亦未經上訴人同意等情,為兩造所無異詞(見本院卷第299 頁背面),且經甲○○、乙○○證述在卷(見本院卷第 74 頁背面至第 75 頁、第 77 頁)。是被上訴人將系爭忠○街不動產處分,顯造成被上訴人之財產減少,而增加得向上訴人請求分配剩餘財產之數額,甚為明顯。是故,被上訴人於兩造剩餘財產基準日前 5 年內(即 99 年9 月 7 日),將系爭忠○街不動產移轉登記為甲○○、乙○○,顯屬民法第 1030 條之 3 第 1 項之處分行為,當將系爭忠○街不動產之價值,追加算入被上訴人現存之婚後財產,至為明瞭。7、另查,細繹甲○○證稱:被上訴人擔心日後家庭支出與教育費用不敷使用,所以將系爭忠○街不動產移轉予甲○○、乙○○;伊上大學後之生活費來源為系爭忠○街不動產之租金;系爭忠○街房屋之承租人為一位小姐,已經

租很久，少說也有五年以上等語（見本院卷第74頁背面、第76頁）；乙〇〇則稱：被上訴人為何將系爭忠〇街不動產移轉為甲〇〇、乙〇〇，係為確保教育費用不會中斷；系爭忠〇街不動產除出租之外，無其他用途等詞（見本院卷第77頁、第78頁背面）觀之，可知系爭忠〇街不動產出租予同一人甚久，且租金均供為甲〇〇、乙〇〇之教育費用或日常生活開支，是不論系爭忠〇街不動產有無移轉為甲〇〇、乙〇〇所有，其租金使用並無不同。況系爭忠〇街不動產原為被上訴人所有，甲〇〇、乙〇〇於取得系爭忠〇街不動產所有權未逾半個月，復將之信託登記於被上訴人，益證系爭忠〇街不動產之移轉或辦理信託登記，均由被上訴人主導、處理。由是可知，被上訴人為避免系爭忠〇街不動產列入剩餘財產計算，方將之移轉為甲〇〇、乙〇〇所有，更為明灼。8、再按，民法第1030條之3第1項但書所謂為履行道德上義務所為之相當贈與，係指有道德上之義務存在，為履行該義務而為相當之贈與行為。且受扶養權利者，以不能維持生活而無謀生能力者為限。民法第1117條第1項復有明定。查甲〇〇於取得系爭忠〇街不動產所有權時近29歲（70年10月25日生）、乙〇〇已逾22歲（77年3月19日生），均已成年，甲〇〇非在學學生，乙〇〇是〇大五年級學生，延畢一年等情，為兩造所不爭執（見本院卷第300頁）。由是以觀，甲〇〇、乙〇〇應有能力自行管理系爭忠〇街不動產，無須辦理系爭忠〇街不動產之信託登記，而由被上訴人收取租金。況斯時甲〇〇、乙〇〇均非不能維持生活而無謀生能力者等節，亦為兩造所無異詞（見本院卷第300頁），顯見被上訴人將系爭

忠○街不動產移轉予甲○○、乙○○，非屬為履行道德上義務所為之相當贈與，至為明確。據此，系爭忠○街不動產之價值，應列入被上訴人之剩餘財產分配，洵堪認定。

特殊標的

分配數額調整

婚後財產贈與

價值計算

合意分配

夫妻間借名登記

價值計算

精品價值難計算？
雙方合意或找鑑定單位鑑價都可行

　　許太太與許先生是對怨偶，許先生常常將錢花在買名茶、名酒，或是藝術品等物品，甚至還跟生命禮儀公司買了一個塔位！許太太因為受不了許先生亂購物的陋習，決定要跟許先生離婚，許太太併同向法院主張對許先生分配剩餘財產，但關於許先生歷來所購買的名茶、名酒、藝術品、塔位等物品，該怎麼決定其財產價值呢？

律師貼心話：

　　在法律上，許太太要先證明名茶、名酒、藝術品等物品確實為許先生所有，才能列入剩餘財產分配的範疇，許太太可以請法院傳喚有看過許先生物品的證人作證。

　　法院在估算財產時，是以鑑定機關的鑑定結果認定。本案中的鑑定機關即把名茶、名酒、藝術品的價格鑑定成低價品。只要訴訟雙方已經合意選定

鑑定單位來鑑價，縱然鑑價結果不如意，仍然要受鑑價結果拘束。

在訴訟中，若僅一方提出物品鑑價之報告，他方可以在法院上傳喚該鑑價單位之鑑定人，藉由詢問鑑定人問題，來影響法院，讓法官認為該鑑定單位鑑價的結果並不客觀，而不符合該物品的市價。

至於靈骨塔位，因為現行靈骨塔位的買賣，很多其實只是買到「使用權」，由靈骨塔（納骨塔）公司開立「永久使用權狀」給買方。結婚後所購買的靈骨塔位原則上屬於應列入夫妻剩餘財產計算的項目，而它的價值除了雙方當事人協議好用當初的買價計算外，可以函詢塔位公司，離婚當時的牌告價值是多少，縱使離婚後將它脫手賣掉，也應該列入計算。

特殊標的

分配數額調整

婚後財產贈與

價值計算

合意分配

夫妻間借名登記

高雄少年及家事法院 102 年重家訴字第 16 號民事判決

主文：

被告應給付原告新臺幣壹仟肆佰參拾捌萬肆仟玖佰壹拾貳元，及自民國 101 年 6 月 27 日起至清償日止，按年息百分之五計算之利息。原告其餘之訴駁回。

訴訟費用由被告負擔百分之三十七，其餘由原告負擔。

本判決原告勝訴部分，於原告以新臺幣肆佰柒拾玖萬肆仟玖佰柒拾元為被告供擔保後，得假執行。但被告如以新臺幣壹仟肆佰參拾捌萬肆仟玖佰壹拾貳元為原告預供擔保，得免為假執行。原告其餘假執行之聲請駁回。

理由：

……被告雖以：附表一送鑑之茶葉、酒類，包裝高貴精美，且使用裝潢高級之櫃子放置，殊難想像其價額竟分別只有227元、299元、482、409元、1633元、657元及622元，執行鑑定人顯然不懂茶葉及酒類行情，其得出之鑑價結果嚴重偏離市場行情甚遠，而藝術品部分，鑑定結果偏離市場行情甚遠，不具參考性，又附表一編號1之汽車，係原告於101年5月以1,790,000元購買，是在101年時是全新汽車，故應以購買價1,790,000元計算為由，主張財團法人中華工商研究院之鑑定不足採認，而應以附表一「被告主張價額」欄所示動產價額為據。惟查，原告之婚後財產如附表一編號1、3、4、5、6、7、8、9、10、11部分，乃包含汽車、茶葉、酒類、藝術品，則估價師據此客觀事實，汽車類係審酌權威車訊雜誌所揭示之中古車價格，並依據國稅局之稅務行業標準暨同業利潤標準查詢系統，101年度「中古汽車零售」行業之毛利率為22%，以上開比例作為鑑定全車價格調整依據，非汽車類則依原告提供可辨識照片資料作為基準，以調查（民國104年9月至10月）公開市場中相同或類似之新品為價格基礎鑑估如附表一編號1、3、4、5、6、7、8、9、10、11所示之動產，即難認有何不當之處，亦難以單純鑑定出來之價格差距，遽謂鑑定結果不可信。而核以財團法人中華工商研究院之估價方式：（一）茶類：依鑑定事項所載自民國101年5月與民國104年9月消費者物價指數－非酒精性飲料及材料分類，調整後價格＝鑑定標的之市場價格×（101年5月消費者物

特殊標的

分配數額調整

婚後財產贈與

價值計算

合意分配

夫妻間借名登記

指數÷104年9月消費者物價指數）；（二）酒類：依鑑定事項所載自民國101年5月與民國104年9月消費者物價指數-酒分類，調整後價格＝鑑定標的之市場價格×（101年5月消費者物指數÷104年9月消費者物價指數）；（三）佛像及雕像：依鑑定事項所載自民國101年5月與民國104年10月消費者物價指數-家具分類，調整後價格＝鑑定標的之市場價格×（101年5月消費者物指數÷104年9月消費者物價指數），均為用以比較進而調整待鑑定標的物價值之項目，自難遽以前詞空言漫指鑑定結果不足採認。況本件原告與被告乃各自陳報鑑定單位後，當庭均表示由法院決定鑑定單位（本院卷第97頁），被告自難以鑑定結果不符預期，而遽為推翻之主張。本院審酌上述鑑定機構以公正第三人立場進行客觀評估，不至於故為不利於被告之鑑定，故上述鑑價機構對於如附表一編號1、3、4、5、6、7、8、9、10、11所示動產估定之鑑定價格，應屬可採。是被告所辯上情，為無理由。

至於被告主張原告尚有附表一編號12、13、14等標的之動產，應列入原告婚後積極財產云云，並提出照片（本院卷二第21-23頁）為據，惟原告既否認附表一編號12、13、14等標的之動產為其所有，而被告所提之照片僅能證明附表一編號12、13、14之標的外觀，然無法證明實際上是否有該些動產存在，亦未能遽認屬於原告所有，是被告對此部分既無法舉證以實其說，從而被告稱上揭附表一編號12、13、14等標的應算入原告婚後積極財產，自難憑採。

編號	標的	價額（新臺幣）		
		原告主張價額	被告主張價額	鑑定結果價額
1.	LEXUS CT200H	1,220,000 元	1,790,000 元	1,220,000 元
2.	125cc 機車	5000 元	5000 元	兩造合意
3.	茶餅	227 元	288,000 元	227 元
4.	普洱散茶	299 元	26,400 元	299 元
5.	熟茶	482 元	40,000 元	482 元
6.	滇紅	409 元	30,000 元	409 元
7.	紅酒	1,633 元	50,000 元	1,633 元
8.	白酒	657 元	30,000 元	657 元
9.	高粱酒	622 元	64,000 元	622 元
10.	佛像	6,422 元	60,000 元	6,422 元
11.	石雕	26,263 元	100,000 元	26,263 元
12.	佛像（大銅雕）		500,000 元	未能提出
13.	南北朝石雕佛像		5,000,000 元	未能提出
14.	畫作（8 幅）		800,000 元	未能提出
小計		1,262,014 元	8,783,400 元	1,262,014 元

特殊標的

分配數額調整

婚後財產贈與

價值計算

合意分配

夫妻間借名登記

臺灣新北地方法院 104 年家訴字第 50 號民事判決摘要

理由：

六、兩造所爭執的另一部分，係原告名下的靈骨塔位價值，是否列入原告之財產。查，本院函詢龍巖股份有限公司關於原告於 102 年 9 月 24 日即兩造離婚時，登記在原告名下的靈骨塔位，於當時牌告價值情形，計有：「真龍殿骨灰室一個價值 14 萬 7 千元，寶樓觀優雅個人骨灰室一個價值 31 萬元，寶樓觀優雅個人骨灰室一個價值 29 萬元、寶池觀優雅雙位室一個，價值 112 萬 6020 元」、「寶藏苑琉璃光閣家家族一個，價值 120 萬元，惟已於 103 年 10 月 13 日移轉予第三人（註：兩造於本案審理時陳○係過戶至兩造的女兒陳○如名下）」，此有龍巖股份有限公司函覆文二件（見卷宗二第 28 頁及第 49 頁）可證。原告主張前揭自己名下的骨灰位，係其母親巫○蘭所有而借名登記在原告名下，但為被告所否認。原告證明方式，則依本院所函調被告郵局帳戶，比對巫○蘭郵局帳戶明細，主張巫○蘭提領現金當日，被告會有相同或較低金額存入，合計約 326 萬餘元（見原證 7 證據）；並由證人巫○蘭到庭證稱：

「我在龍巖有塔位，兩個單人的，一個雙人的。塔位是用原告的名字買的，是我自己付錢，我匯款到被告名下的郵局帳戶」（見卷宗二第 102 頁反面）。被告則辯稱其離婚前的郵局帳戶一向由原告管理使用，即使證人巫○蘭有匯款進入該郵局帳戶，亦可能由原告作為其他使用，而不能證明係作為購買該骨灰位使用云云。因證人巫○蘭為原告的母

親，證詞自難期客觀誠實，參酌原告不否認其離婚前持有使用被告的郵局帳戶，是認巫〇蘭匯款目的究竟係購買骨灰位或其他用途，則待原告進一步證明。惟原告無法再證明該匯款金額後來有轉入龍巖股份有限公司，是以不能遽認巫〇蘭匯款係作為購買系爭骨灰位使用。何況原告名下的骨灰位多達五個且價值數百萬元，何以證人巫〇蘭一人需要購買如此多骨灰位，且為何全部登記在原告一人名下，亦不合社會常情。是認原告主張借名登記云云，不足採信。**又原告於離婚時即102 年 9 月 24 日持有骨灰位「寶藏苑琉璃光閣家家族一個，價值 120 萬元」，於離婚後即 103 年 10 月 13 日移轉予兩造的女兒陳〇如名下，已如上述。依民法第 1030 條之 4 規定，夫妻剩餘財產價值計算以法定財產制消滅時為準，亦即應以兩造協議離婚之 102 年 9 月 24 日為準，因此本案原告於離婚後將該骨灰位過戶至兩造的女兒名下，或依原告所主張伊原本要過戶至被告名下（因被告當時未攜帶證件故無法辦理過戶），亦不妨礙離婚時仍屬於原告的財產事實。是以該骨灰位仍應列入原告的剩餘財產價值。**

臺灣彰化地方法院 101 年重家訴字第 13 號民事判決摘要

四、兩造爭執事項：

（四）附表所示貳、被告部分之其他、編號 2 至 7 之定期存單應否列入夫妻剩餘財產分配？

第二部 財產分配篇
——價值計算

特殊標的

分配數額調整

婚後財產贈與

價值計算

合意分配

夫妻間借名登記

五、本院得心證之理由：

3、原告財產認定部分：兩造對附表原告動產價值為 7,483,491 元不爭執外，對不動產附表編號 1、2、4 以 900 萬元計算，另編號 3、5 以 2300 萬元計算不爭執，則不動產價值為 3200 萬元，**雙方對「國寶生活護照契約書」債權（靈骨塔位）則爭執是否應列入計算，因原告確實提出該契約書（見原證 6），僅於開庭時表示感情上屬棺材本不願列入等語置辯，惟查該契約既屬債權之財產，自應列入財產額計算，且被告同意以 15 萬元計算（見 102 年 11 月 25 日之言詞辯論筆錄）**，綜上，原告之財產價額本院認定為 39,633,491 元（7,483,491 元＋ 3200 萬元＋ 15 萬元＝ 39,633,491 元）。

合意分配

「合意」，讓剩餘財產分配一切好說

　　梁小姐和王先生離婚後，兩人雖然說好了剩餘財產處理要直接就不動產及動產做分配，價值有差再用現金貼補。但雙方對於婚後剩餘財產的價值還是談不攏，因此向法院提起夫妻剩餘財產分配訴訟。經過一陣激烈攻防，法院最後決定尊重梁小姐及王先生先前已經合意的分配方法，僅依職權對實際分配的內容稍做調整，讓已經下定決心各自開始新生活的二人不再為曾經的財產關係所牽絆。

律師貼心話：

　　目前法院對於請求剩餘財產分配的態度，原則上是以「金錢給付」的方式請求分配剩餘財產的差額。若雙方對剩餘財產差額的分配方法已達成「合意」，法院則基於當事人相互讓步，為及時解決糾紛並節省訴訟成本，會改為依當事人合意的分配方法分配。不過關於財產的具體分配內容，當事人的

主張仍然不會拘束法院，例如：若妻子主張丈夫所有某某地段地號的土地應移轉所有權給妻子，法院不一定會採納喔！法院最終還是會考量該土地的利用情形等其他因素，來做妥適而公平的分配。

臺灣高等法院 94 年度重家上第 12 號民事判決

主文：

上訴駁回。

第二審訴訟費用由上訴人負擔。

理由：

……兩造曾就剩餘財產合意分配方式為不動產差額以不動產分配之、動產按動產性質計算（股票差額以股票分配之、現金差額以現金分配之等），則法院是否應受拘束？

……修正前民法第 1030 條之 1 第 1 項定有明文。而夫妻剩餘財產分配請求權之性質，現行法律並未明定，惟參之修正前同法第 1030 條之 1 第 3 項有關消滅時效之規定及學者見解，可認剩餘財產分配請求權性質上為債權請求權，宜認為無專屬性，既為無專屬性之債權請求權，**基於私法自治原則，當事人對於分配方法如有合意，法院自應受其拘束，如當事人嗣後表明不受拘束，違反誠信原則，法院仍應依當事人合意之分配方法分配之。**本件兩造於訴訟中合意，基於和解及訴訟經

特殊標的

分配數額調整

婚後財產贈與

價值計算

合意分配

夫妻間借名登記

濟（不必要的訴訟費用增加－不動產鑑價費用）考量，剩餘財產差額分配方式，為不動產差額以不動產分配之，動產差額按動產性質（股票以股票分配、現金以現金分配等）分配，如有不足，以現金補償之，揆諸前述說明，法院自應受兩造合意之分配方法分配之。經查：

（一）本件應列入分配之剩餘財產，已如前述，其價值分述如下：

1、被上訴人部分：合計 457 萬 5240 元。

A 不動產部分：原判決附表一編號 2、4 之不動產，依**公告現值及房屋評定現值**為 131 萬 1380 元（詳如原判決附表一所載）。

B 動產部分：原判決附表二編號 1、2、3、4、5 之動產，合計為 326 萬 3860 元（詳如原判決附表二所載）。

2、上訴人部分：合計 5745 萬 4220 元。

A 不動產部分：原判決附表三編號 2、4、6、10、11、12（應有部分 36 分之 1）、13（應有部分 6 分之 1）、14（應有部分 6 分之 1）、原判附表四編號 1、2、4、5、6、7 之不動產，**依公告現值及房屋評定現值合計為 1774 萬 3950 元**（詳如原判決附表三、四所載）。

B 動產部分：附表五編號 1、2、7、8、9、10 之動產，合計為 3971 萬 270 元（詳如原判決附表五、六所載）。

（二）本件剩餘財產分配方式：按兩造合意，即不動產部分按不動產

特殊標的

分配數額調整

婚後財產贈與

價值計算

合意分配

夫妻間借名登記

差額，以不動產分配之，動產部分按動產性質，即現金按現金、股票按股票、黃金按黃金、美金按美金、汽車按汽車，分配後如有不足以現金補償之，**惟兩造主張分配之特定物不拘束法院：**

1、本件應列入分配之剩餘財產（不動產部分）：被上訴人部分價值為131萬1380元，上訴人部分為1774萬3950元，兩造剩餘財產差額為1643萬2570元，上訴人應給付被上訴人差額半數為821萬6285元……，**被上訴人請求上訴人給付原判決附表三編號4、11及附表四編號2之不動產，其價值合計為996萬7850元，已逾其得請求範圍，爰審酌土地及其基地上房屋宜同歸一人所有，以利不動產之經濟利用價值，本院認上訴人應給付被上訴人原判決附表三編號4（價值504萬7500元）、原判決附表四編號2（價值5萬2700元）及原判決附表三編號11中之百分之64（即權利範圍50分之16）（價值311萬6085元）移轉登記予被上訴人（計算式：0000000＋52700＋0000000＝0000000）為適當。**

2、本件應列入分配之剩餘財產（動產）部分：被上訴人部分價值為326萬3860元，上訴人部分價值為3971萬270元，上訴人應分配差額予被上訴人，其分配方法，依前揭分配方式合意為按動產性質分配之：

A股票部分：被上訴人並無任何股票，上訴人於91年7月24日持有寶華銀行股份有限公司（下稱寶華銀行股票）股票19萬3548股，其差額為9萬6774股，**上訴人自應給付被上訴人寶華銀行股票9萬6774**

股，其價值為 21 萬 5806 元。

B 汽車部分：被上訴人所有原判決附表二編號 5 之汽車，價值為 25 萬元，上訴人所有如原判決附表五編號 2 之汽車價值為 6 萬元，差額為 19 萬元，基於汽車使用性質不宜為分別共有，**被上訴人應給付上訴人汽車價值差額半數 9 萬 5 千元，於後述現金中扣除。**

C 黃金部分：被上訴人並無黃金，上訴人有 12 台兩重黃金條塊 5 條，合計 60 台兩，其差額為半數即 30 台兩，**上訴人自應給付被上訴人黃金條塊 30 台兩，其價值為 38 萬 6868 元。**

D 美金部分：被上訴人並無美金，上訴人則有美金 5 萬元應列入分配，其差額半數為美金 2 萬 5 千元，**上訴人自應給付被上訴人差額半數美金 2 萬 5 千元，其價值為 83 萬 5925 元。**

E 現金部分：被上訴人銀行存款（原判決附表二編號 1、2、3、4）有現金 301 萬 3860 元，上訴人則有 3677 萬 3072 元（原判決附表五編號 7、編號 10、11），其差額為 3375 萬 9212 元，上訴人應給付被上訴人差額半數 1687 萬 9 千 606 元，扣除被上訴人於汽車部分應給付上訴人差額半數 9 萬 5 千元，上訴人尚應給付被上訴人差額半數 1687 萬 4 千 606 元。

特殊標的

分配數額調整

婚後財產贈與

價值計算

合意分配

夫妻間借名登記

臺灣臺中地方法院90年度婚字第933號民事判決（原審判決）

主文：

被告應將附表三編號4、附表四編號2及附表三編號11（權利範圍五十分之十六）之不動產所有權，移轉登記與原告。

被告應將寶華商業銀行股份有限公司股票陸萬陸仟柒佰柒拾肆股份，移轉登記與原告。

被告應給付原告黃金條塊參拾臺兩。

被告應給付原告美金貳萬伍仟元，及自民國九十一年七月二十四日起至清償日止，按年息百分之五計算之利息。

被告應給付原告新臺幣壹仟陸佰柒拾捌萬肆仟陸佰零陸元，及自民國九十一年七月二十四日起至清償日止，按年息百分之五計算之利息。

上判決第一項，於原告以新臺幣貳佰柒拾肆萬元供擔保後得假執行；被告如於假執行程序實施前預供擔保新臺幣捌佰貳拾壹萬陸仟貳佰捌拾伍元准免為假執行。

上判決第二項，於原告以新臺幣柒萬元供擔保後得假執行；被告如於假執行程序實施前預供擔保新臺幣貳拾壹萬伍仟捌佰零陸元准免為假執行。

上判決第三項，於原告以新臺幣壹拾參萬元供擔保後得假執行；被告如於假執行程序實施前預供擔保新臺幣參拾捌萬陸仟捌佰陸拾捌元准免為假執行。

上判決第四項，於原告以新臺幣貳拾捌萬元供擔保後得假執行；被告如於假執行程序實施前預供擔保新臺幣捌拾參萬伍仟玖佰貳拾伍元准免為假執行。

上判決第五項，於原告以新臺幣伍佰伍拾陸萬元供擔保後得假執行；被告如於假執行程序實施前預供擔保新臺幣壹仟陸佰柒拾捌萬肆仟陸佰零陸元准免為假執行。

訴訟費用由兩造平均負擔。

理由：

……兩造曾就剩餘財產合意分配方式為不動產差額以不動產分配之、動產按動產性質計算（股票差額以股票分配之、現金差額以現金分配之等），則法院是否應受拘束？

……而夫妻剩餘財產分配請求權之性質，現行法律並未明定，惟參之同法第一千零三十條第三項有關消滅時效之規定及學者見解，可認剩餘財產分配請求權性質上為債權請求權，宜認為無專屬性（魏大喨著「聯合財產關係消滅時之剩餘財產分配請求權－評釋新增民法第一千零三十條之一」，軍法專刊第三十二卷第七期第二十九頁參照），既為無專屬性之債權請求權，基於私法自治原則，當事人對於分配方法如有合意，法院自應受其拘束，如當事人嗣後表明不受拘束，違反誠信原則，法院仍應依當事人合意之分配方法分配之。本件兩造於訴訟中合意，基於和解及訴訟經濟（不必要的訴訟費用增加－不動產鑑價

費用）考量，剩餘財產差額分配方式，為不動產差額以不動產分配之，動產差額按動產性質（股票以股票分配、現金以現金分配等）分配，如有不足，以現金補償之，揆諸前述說明，法院自應受兩造合意之分配方法分配之。

經查：（一）本件應列入分配之剩餘財產，已如前述，其價值分述如下：

1、原告部分：合計四百五十七萬五千二百四十元。

A 不動產部分：附表一編號2、4之不動產，依公告現值及房屋評定現值為一百三十一萬一千三百八十元（詳如附表一所載）。

B 動產部分：附表二編號1、2、3、4、5之動產，合計為三百二十六萬三千八百六十元（詳如附表二所載）。

2、被告部分：合計五千九百零五萬四千二百二十元。

A 不動產部分：附表三編號2、4、6、10、11、12（應有部分三十六分之一）、13（應有部分六分之一）、14（應有部分六分之一）、附表四編號1、2、4、5、6、7之不動產，依公告現值及房屋評定現值合計為一千七百七十四萬三千九百五十元（詳如附表三、四所載）。

B 動產部分：附表五編號1、2、7、8、9、10之動產，合計為三千九百七十一萬零二百七十元（詳如附表五、六所載）。

（二）本件剩餘財產分配方式：按兩造合意，即不動產部分按不動產

特殊標的

分配數額調整

婚後財產贈與

價值計算

合意分配

夫妻間借名登記

差額，以不動產分配之，動產部分按動產性質，即現金按現金、股票按股票、黃金按黃金、美金按美金、汽車按汽車，分配後如有不足以現金補償之，惟兩造主張分配之特定物不拘束法院：

1、本件應列入分配之剩餘財產（不動產部分）：原告部分價值為一百三十一萬一千三百八十元，被告部分為一千七百七十四萬三千九百五十元，兩造剩餘財產差額為一千六百四十三萬二千五百七十元，被告應給付原告差額半數為八百二十一萬六千二百八十五元（計算式：《00000000-000000》÷2=0000000），原告請求被告給付附表三編號4、11及附表四編號2之不動產，其價值合計為九百九十六萬七千八百五十元，已逾其得請求範圍，爰審酌土地及其基地上房屋宜同歸一人所有，以利不動產之經濟利用價值，本院認被告應給付原告附表三編號4（價值五百零四萬七千五百元）、附表四編號2（價值五萬二千七百元）及附表三編號11中之百分之六四（即權利範圍五十分之十六）（價值三百一十一萬六千零八十五元）移轉登記予原告（計算式：0000000＋52700＋0000000＝0000000）為適當。

2、本件應列入分配之剩餘財產（動產）部分：原告部分價值為三百二十六萬三千八百六十元，被告部分價值為三千九百七十一萬零二百七十元，被告應分配差額予原告，其分配方法，依前揭分配方式合意為按動產性質分配之：

A股票部分：原告並無任何股票，被告於九十一年七月二十四日持有寶華銀行股份有限公司（下稱寶華銀行股票）股票十九萬三千五百四

特殊標的

分配數額調整

婚後財產贈與

價值計算

合意分配

夫妻間借名登記

十八股,其差額為九萬六千七百七十四股,被告自應給付原告寶華銀行股票九萬六千七百七十四股,其價值為二十一萬五千八百零六元。

B 汽車部分:原告所有附表二編號 5 之汽車,價值為二十五萬元,被告所有如附表五編號 2 之汽車價值為六萬元,差額為十九萬元,基於汽車使用性質不宜為分別共有,原告應給付被告汽車價值差額半數九萬五千元,於後述現金中扣除。

C 黃金部分:原告並無黃金,被告有十二台兩重黃金條塊五條,合計六十台兩,其差額為半數即三十台兩,被告自應給付原告黃金條塊三十台兩,其價值為三十八萬六千八百六十八元。

D 美金部分:原告並無美金,被告則有美金五萬元應列入分配,其差額半數為美金二萬五千元,被告自應給付原告差額半數美金二萬五千元,其價值為八十三萬五千九百二十五元。

E 現金部分:原告銀行存款(附表二編號 1、2、3、4)有現金三百零一萬三千八百六十元,被告則有三千六百七十七萬三千零七十二元(附表五編號 7、編號 10、11),其差額為三千三百七十五萬九千二百一十二元,被告應給付原告差額半數一千六百八十七萬九千六百零六元,扣除原告於汽車部分應給付被告差額半數九萬五千元,被告尚應給付原告差額半數一千六百七十八萬四千六百零六元。

臺灣高等法院暨所屬法院 97 年法律座談會民事類提案第 15 號

法律問題：

甲男與乙女 2 人於民國 92 年結婚，並未約定任何夫妻財產制，嗣甲男與乙女於民國 97 年協議離婚後，甲男向法院提起分配夫妻剩餘財產之訴，若乙女於 2 人婚姻關係存續中以婚後工作收入出資購買房屋一棟，且 2 人又無其他財產或負債，問甲男依據民法第 1030 條之 1 第 1 項之規定，請求法院判決乙女將該房屋所有權應有部分二分之一移轉登記為甲男所有，法院應如何判決？

審查意見：

法條僅謂「差額」應平均分配，未區分「差額」類別，在夫或妻有婚後財產及債務須計算扣除時，該差額應以金錢平均分配，並無爭議，但如本題情形，原告甲男請求分配原物（不動產）之一半，亦無不可。

研討結果：

（一）審查機關同意於審查意見末增載「惟如有顯失公平之情形，得調整或免除分配。」等字（修正後之審查意見）。

（二）經付表決結果：實到 68 人，採甲說 0 票，採乙說 13 票，採修正後之審查意見 54 票。

夫妻間借名登記

買房的錢我出的，所有權登記的卻是妳！
婚變後怎麼拿回房產？

　　阿旺是個善良老實的年輕人，與阿嬌結婚後皆由阿旺賺錢養家，阿嬌當家庭主婦相夫教子，為了給予阿嬌經濟上的安全感，阿旺將其收入、存摺、印鑑、不動產及股票等全數財產交由阿嬌管理，更將新買的房子登記在阿嬌名下。但好景不常，兩人不久後感情生變，變心的阿旺要求阿嬌將房子過戶給女兒，但遭阿嬌斷然拒絕，逼得阿旺只好向法院主張「終止借名登記」，請阿嬌將房子所有權移轉登記返還給自己。因為阿旺認為那棟房子是自己掏錢買的，稅捐、水電費、瓦斯費、電話費、社區管理費等支出也是自己獨自負擔，平常也是自己管理、使用，所以阿旺自己才是那棟房子的實質所有權人，只不過是「借名登記」在阿嬌名下。而兩人的女兒也在法庭上作證，證實家中唯一的經濟來源確實是阿旺，阿嬌僅負責家務，房子的頭期款、修繕、稅費皆由阿旺一人負擔，於是法院採信了這樣的說法，將房子判給阿旺。

特殊標的

分配數額調整

婚後財產贈與

價值計算

合意分配

夫妻間借名登記

律師貼心話：

　　關於借名登記契約的舉證，需由原告一方負擔舉證責任，像是本案例中原告提出戶籍謄本、建物及土地登記謄本，以及由原告繳納保有之系爭房地地價稅繳款書、房屋稅繳款書、管理費及帳戶明細等，二人的女兒並到庭證稱，方有可能使法院採信原告主張借名登記的主張。

　　而所謂「借名登記」，指的是當事人約定一方將自己的財產以他方名義登記，但仍由自己管理、使用、處分；而他方答應出借自己的名字當財產的登記名義人。這個約定的成立側重於借名人（如本篇中的阿旺）與出名人（如本篇中的阿嬌）間的信任關係，其性質上在法律應視同委任契約，倘其內容不違反強制、禁止規定或公序良俗者，固應賦予無名契約之法律上效力，並類推適用民法委任的相關規定（最高法院 98 年度台上字第 990 號裁判參照）。借名人自得隨時終止契約，請求出名人將所借名登記權利移轉登記返還借名人。

臺灣新北地方法院民事判決 105 年度重訴字第 472 號

主文：

被告應將坐落於新北市○○區○○段○○○○地號土地（權利範圍四九八五○○分之三一八五）及其上同段八七二二建號（權利範圍全部）、同段八八二○建號（權利範圍一九一分之三）之所有權移轉登記予原告。

訴訟費用由被告負擔。

特殊標的

分配數額調整

婚後財產贈與

價值計算

合意分配

夫妻間借名登記

理由：

……五、原告主張系爭房地為其借名登記予被告名下，其已終止兩造間之借名登記法律關係，被告應返還系爭房地予原告等情，為被告所否認，並以前詞置辯。經查：

（一）按稱「借名登記」者，謂當事人約定一方將自己之財產以他方名義登記，而仍由自己管理、使用、處分，他方允就該財產為出名登記之契約，其成立側重於借名者與出名者間之信任關係，在性質上應與委任契約同視，倘其內容不違反強制、禁止規定或公序良俗者，固應賦予無名契約之法律上效力，並類推適用民法委任之相關規定（最高法院98年度台上字第990號裁判參照）。次按委任契約當事人之任何一方，得隨時終止委任契約；受任人以自己之名義，為委任人取得之權利，應移轉於委任人，民法第549條第1項、第541條第2項分別定有明文。而借名登記契約在性質上應與委任契約同視，並類推適用民法委任之相關規定，既如前述，則於借名人自得類推適用上開規定，隨時終止契約，請求出名人將所借名登記權利移轉登記返還借名人。

（二）原告主張系爭房地為其出資購買，為安撫被告情緒，給予被告安全感，而將系爭房地借名登記為被告所有等語。查**兩造之女即訴外人李○○到庭證稱：系爭房地之頭期款係由原告所創立隆○公司支付，被告沒有出頭期款，自購入系爭房地至今，房屋之修繕及稅費等支出，均由原告負擔**，被告就系爭房地並無進行管理及負擔稅費之支出，購

買系爭房屋時伊 16 歲，家裡所有支出都是用隆○公司的錢，隆○公司的錢是家裡唯一經濟來源，錢都是原告作生意來；被告有到隆○公司擔任會計，因隆○公司與伊住家是一起，所以被告的工作包含執行家務、洗衣、煮飯、開發票、跑銀行、最重要掌管原告的所有財務，並決定家用所有的支出，而後動用之，100 年中後，被告只跑銀行、資金調度及使用（包含銀行存款、提款、轉帳），其他都由伊處理等語（本院卷第 98 頁至第 101 頁），可認系爭房地之頭期款、修繕及稅費均為原告所支付，被告並未支付，亦未就系爭房地為管理及負擔稅費。被告雖擔任隆○公司會計，**然隆○公司為原告所設立，由原告負責經營，且該公司與兩造、證人住家設在同處，並為經濟來源，可見隆○公司係為家族公司，被告係基於與原告為夫妻關係，而在隆○公司擔任會計，與一般公司會計係單純僱傭關係不同，衡情原告購買系爭房地時，為安撫被告情緒，給予被告安全感而借名登記為被告名下，應無悖常理。參以原告並有提出由其繳納保有之系爭房地地價稅繳款書、房屋稅繳款書、管理費及帳戶明細等件（本院重司調卷第 8 頁至第 11 頁、第 31 頁至第 40 頁），亦證明系爭房地仍由原告自己管理、使用、處分等情，是原告主張兩造間就系爭房地有借名登記關係存在之事實，洵堪信為真實。**

第三部

子女篇

行使親權人

父親早逝，母親另組家庭而對小孩漠不關心，可否由他人擔任親權人？

　　小蕭跟小愛經法院判決離婚，並由法院酌定小蕭擔任兩人長子小綠的親權人，但離婚不久後，小蕭不幸因病過世，依法本應由小愛擔任小綠的親權人，惟小愛多年來對小綠不聞不問、漠不關心，也未曾給過小綠任何生活費，再加上小愛自己已另組新家庭，不希望和前夫的小孩再來打擾自己的新生活。而小蕭的爸爸老蕭自小綠出生時起就和孫子小綠同住，並實際照料小綠的生活起居，如果老蕭認為小愛不適合照顧小綠，想向法院請求停止小愛對小綠的親權，並由自己來擔任小綠的親權人，法院是否會准許？

律師貼心話：

　　法院裁定是否停止親權、是否另為選定或指定親權人時，主要參酌相對人是否有對本案漠不關心的情況（例如經法院合法通知仍未到庭陳述，或未提出任何書狀為有利之抗辯等），再加上未成年子女於法院訊問時的證述，

第三部 子女篇
——行使親權人

行使親權人

親權行使方式

改定親權

略誘罪

並佐以社會局的訪視調查報告，就行使親權的動機、意願及情感依附程度、經濟狀況、照顧計畫、親職能力等為綜合考量。

本案中，法院首先認為小愛未善盡保護教養小綠的義務，使小綠長期缺乏母愛，致小綠對小愛已幾無印象，所幸老蕭及其家人陪伴照顧，才不覺有所缺憾；再者，老蕭乃是小綠的祖父，為小綠的二親等直系血親尊親屬，彼此關係密切，依兒童及少年福利與權益保障法第71條第1項、第2項之規定，老蕭向法院請求停止小愛對小綠之親權，依法有據，應予准許。

而小愛親權既經宣告停止，小蕭又已經死亡，即小綠的父母均不能行使負擔對於小綠之權利義務，而聲請人為與小綠同居的祖父老蕭，依民法第1094條第1項規定，老蕭自為合適的親權人。再考慮小綠本身強烈希望由老蕭單獨任親權人，而且現今社會於父母無空閒或無力撫育子女時，託由祖父母協助照顧之隔代教養情況並非罕見，且祖父母出於對於晚輩的關愛，不計代價妥為照顧，亦屬人之常情。以此認定，本件小綠的祖父老蕭應為親權行使的適當人選，法院毋庸另為指定或選定親權人。

臺灣高雄少年及家事法院101年度監字第245號民事裁定

主文：

相對人甲○○對其未成年子女乙○○（男，民國八十九年二月五日生，身分證統一編號：Z000000000號）之親權應予全部停止，由聲請人任未成年人乙○○之法定監護人。

相對人得按附表所示方式、期間暨應遵守事項與未成年子女乙○○會

面交往。

程序費用由相對人負擔。

理由：

……（二）又聲請人主張**相對人未善盡人母之責**，多年來對乙〇〇鮮少聞問，未曾給付任何生活費，過年過節或乙〇〇生日時，亦未曾致贈禮物或以書信關心乙〇〇，與乙〇〇全無互動，對乙〇〇漠不關心，且已再婚生子，並不適合擔任乙〇〇之親權人等情，亦**據證人即相對人之子乙〇〇到庭證稱：**伊目前係與爺爺即聲請人、奶奶、嬸嬸、叔叔及堂兄弟同住，不知道從何時起即未與母親即相對人一起生活，對相對人並沒有任何印象，都是由父親即訴外人葉〇宏及爺爺、奶奶照顧伊，相對人於與父親葉〇宏離婚前（當時證人乙〇〇已經年滿六歲）即未與渠等同住，不知道原因為何，伊跟聲請人及奶奶共同生活期間，相對人從來沒有來看過伊，只有到佛〇國小看過伊兩次，每次約歷十幾分鐘，伊不記得與相對人談些什麼，相對人平時也從未打電話或寫信關心伊就學情況，生日或過年過節，相對人也未曾幫伊準備禮物或祝伊生日快樂，對相對人幾乎沒有什麼印象，父親葉〇宏過世後，日常生活費用及學費均由嬸嬸負擔，相對人完全沒有分擔學費及生活費，相對人兩次到學校找伊，也沒有交給伊任何東西，家人當中，伊與嬸嬸感情最好，伊覺得相對人並沒有盡到照顧的責任，有時伊試著想要跟相對人聯絡，但不知道相對人電話，相對人到學校找伊時，沒有留電話給伊，並非聲請人阻止所以才沒有跟相對人聯絡，現在父親葉〇

第三部 子女篇
——行使親權人

行使親權人

親權行使方式

改定親權

略誘罪

宏過世了，伊想跟聲請人及奶奶繼續一起生活，因為伊與相對人完全不熟悉，沒有任何相處的經驗等語甚詳（參本院 101 年 8 月 22 日訊問筆錄）。茲衡以家庭生活有其私密之特性，常為外人無法以感官察知之情況下為之，僅有營共同生活之家屬，因關係密切、契合，較外人能以其感官察知，而**證人乙○○係相對人所生之子，是其對於相對人是否善盡保護教養義務，自有相當程度之瞭解，體會亦最為深刻，苟非有此事實，衡情應不至於杜撰不利與其具有緊密血緣聯繫之相對人之事實。**是依本院調查之結果，堪認聲請人上開主張為真實。相對人雖執前揭情詞置辯云云，然迄未舉證以實其說，徒託空言，自難憑採。

（三）按「父母或監護人對兒童及少年疏於保護、照顧情節嚴重，或有第四十九條、第五十六條第一項各款行為，或未禁止兒童及少年施用毒品、非法施用管制藥品者，兒童及少年或其最近尊親屬、直轄市、縣（市）主管機關、兒童及少年福利機構或其他利害關係人，得請求法院宣告停止其親權或監護權之全部或一部，或得另行聲請選定或改定監護人。法院依前項規定選定或改定監護人時，得指定直轄市、縣（市）主管機關、兒童及少年福利機構之負責人或其他適當之人為兒童及少年之監護人，並得指定監護方法、命其父母、原監護人或其他扶養義務人交付子女、支付選定或改定監護人相當之扶養費用及報酬、命為其他必要處分或訂定必要事項。」兒童及少年福利與權益保障法第 71 條第 1 項、第 2 項分別定有明文。查相對人雖為未成年人乙○○之母，然並未善盡保護教養乙○○之義務，使乙○○長期處在缺乏母愛之境況，致乙○○對於相對人已幾無印象，遑論絲毫情感可言，幸

賴聲請人及其家人付出關懷與陪伴照顧，方不覺有所缺憾，已如前述；**再聲請人為乙○○之祖父，為乙○○之二親等直系血親尊親屬，彼此關係密切**，揆諸前揭規定，聲請人聲請停止相對人對其所生未成年子女乙○○之親權，依法有據，應予准許。

（四）再按父母均不能行使、負擔對於未成年子女之權利義務或父母死亡而無遺囑指定監護人，或遺囑指定之監護人拒絕就職時，依下列順序定其監護人：一、與未成年人同居之祖父母；二、與未成年人同居之兄姊；三、不與未成年人同居之祖父母，**民法第 1094 條第 1 項亦定有明文。準此，民法關於未成年人之父母均不能行使負擔對於未成年子女之權利義務時，其監護人係以未成年人之祖父母、兄姊等為優先順序。**本件相對人對於未成年子女乙○○之親權既經宣告停止；乙○○之父親葉○宏復已於 101 年 2 月 22 日死亡，是葉○宏及相對人自不能行使負擔對於未成年子女乙○○之權利義務，而聲請人為與未成年人乙○○同居之祖父，按諸上開規定，則聲請人自為監護之人選，又**觀諸現今社會，於父母無空閒或無力撫育子女時，託由祖父母協助照顧之隔代教養，其情形尚非罕見，且祖父母出於對於子女之關愛，不計代價妥為照顧，亦屬人之常情**，以此，本件未成年人之祖父即聲請人非不可為監護之適當人選。再經本院依職權囑請高雄市政府社會局兒童福利服務中心委託高雄市燭光協會派員對聲請人及未成年人乙○○進行**訪視**，經評估略以：就**監護動機、監護意願及情感依附**而言，聲請人有監護意願，被監護人乙○○與聲請人及其家人皆具有一定之情感依附，而相對人部分，據被監護人所敘述，對於相對人並無太多

情感依附；就**經濟狀況**而言，聲請人有穩定的工作及經濟基礎，故可支付被監護人日常開銷；**對於被監護人之照顧計劃**而言，聲請人對被監護人有照顧計劃且尊重被監護人之意願及想法；就**親職能力**而言，聲請人對於被監護人之生活作息、習慣、喜好皆清楚，於生活中願意負擔起照顧之責任，且為了被監護人的教養問題，也願意擔起照顧扶養責任，依目前狀況來看，聲請人不管是管教、家人及經濟方面，皆能給被監護人實質上的幫助及照顧，而被監護人也對現況感到滿意等語，有高雄市燭光協會101年4月25日101高市燭鳴字第96號訪視調查報告1份在卷可憑。本院參考**上開訪視調查報告**，兼酌聲請人為與未成年人乙○○同居之祖父，份屬至親，**聲請人與其配偶現為未成年人之主要生活照顧者，與聲請人感情自較諸相對人為深厚，並考量乙○○雖然尚未成年，但已年逾十三歲，具有相當程度之自我照顧及一定之認知判斷能力，明白監護（親權）之意義，也清楚認知相對人已經無法繼續與聲請人及其家人共同生活，若由聲請人監護，勢必與相對人分離**，猶一再藉由社工訪視或到庭陳述之方式，表達其希望留在高雄地區繼續升學，與聲請人及其家人共同生活，並由聲請人單獨監護之意願（參本院101年8月22日訊問筆錄），**此等自我決定之強烈意願，本院無法視而不見，且應予適度之尊重**，因認由聲請人監護未成年人乙○○，並無不適。惟聲請人既係未成年人之祖父，又與未成年人同住，於未成年人之父母均不能行使負擔對於未成年人之權利義務時，依法當然成為未成年人先順位法定監護人，得以行使負擔對於未成年人之權利義務，毋庸本院另為指定或選定，併予敘明。

共同行使親權有困難，
可以要求改為單獨任親權人？

蕭小姐與前夫協議離婚時，同時約定未成年子女權利義務之行使或負擔由雙方共同任之，但前夫的工作、生活重心都在大陸，平常並不會回臺灣，只有在子女放寒暑假的時候會回臺灣住一至兩個星期，並在其他零星時間偶爾回臺灣時和子女會面交往。由於二人的未成年子女要辦理就學相關的手續，若繼續維持離婚協議的約定將造成諸多不便，於是蕭小姐想向法院聲請將未成年子女權利義務之行使或負擔改由蕭小姐單獨任之，由蕭小姐一人決定、處理與子女有關之事宜，蕭小姐的主張有理由嗎？

律師貼心話：

在法律上，蕭小姐要向法院證明前夫存有未盡保護教養之責的情形，才可以如願改定親權行使方式。

可能的做法上，首先，蕭小姐可以向法院聲請函調前夫的出入境紀錄，證明前夫確實鮮少回臺灣，幾近定居在大陸，所以前夫並無法親自照顧未成年子女。

本案中，蕭小姐是向法院聲請她的同學來作證，證明相對人確實曾有未按照協議書給付未成年子女扶養費之情事，且蕭小姐的前夫對於證人所述的內容並不爭執，故法院判定蕭小姐的主張為真實。

最後，蕭小姐還可以請法院詢問未成年子女本身的意願，當未成年子女年紀已達能夠思考與自由表達能力健全之程度，法院多半會尊重子女本身的意願，例如本案中未成年子女已達十歲，在社工訪視時表達想由蕭小姐單獨行使親權的意願，法院因此予以尊重，允許蕭小姐獨任子女之親權人。

臺灣新北地方法院 104 年家親聲字第 225 號民事裁定

主文：

對於兩造所生未成年子女甲○○（男，民國 00 年 00 月 00 日生，身分證統一編號：Z000000000 號）權利義務之行使或負擔，改定由聲請人單獨任之。

相對人乙○○應自本裁定確定之日起至甲○○年滿二十歲成年時止，按月於每月五日前給付聲請人丙○○關於甲○○之扶養費新臺幣伍仟元。上開定期金如遲誤一期履行者，其後十二期（含遲誤該期）視為亦已到期。

相對人乙○○應給付聲請人丙○○新臺幣捌萬伍仟元，及自民國 104年 6 月 19 日起至清償日止，按年息百分之五計算之利息。

聲請程序費用由相對人負擔。

理由：

……（一）聲請人與相對人於 94 年 3 月 11 日結婚，育有未成年子女甲○○，嗣兩造於 103 年 8 月 8 日協議離婚，並約定關於未成年子女權利義務之行使或負擔由兩造共同任之，惟未成年子女與聲請人同住，由聲請人扶養照顧等情，此有個人戶籍資料查詢結果、離婚協議書影本為證，並經本院依職權調閱兩造及未成年子女之戶籍謄本查核屬實，且為相對人所是認，自堪信為真實。

（二）聲請人主張相對人自 101 年 8 月離家至大陸工作後，未成年子女甲○○即與聲請人同住，一直以來未成年子女均由聲請人照顧，聲請人請求相對人支付甲○○之扶養費，相對人自離家後，卻僅陸續匯款幾千元，匯款次數不到十次，且相對人僅於寒暑假期間回來臺灣住一至兩個禮拜，這段期間相對人會把甲○○帶回去住，住到相對人回大陸，相對人長期於大陸工作，長時間未能陪伴未成年子女，顯未盡保護教養之義務等情，業據聲請人陳述綦詳，**且經證人鄒○甫於本院審理時具結證稱**：伊與聲請人是專科的同學，102 年開同學會的時候開始有與聲請人聯絡，每次開同學會的時候都會聊一下聲請人的狀況。伊知道聲請人離婚的事，伊聽聲請人說她離婚之後跟小孩一起回娘家住，103 年因為聲請人娘家住不下，聲請人就帶著小孩搬出去住，小孩一直都是聲請人在照顧。相對人回臺灣的時候會把小孩帶走，要回大陸的時候再把小孩送回聲請人那裡。關於小孩扶養費的事，就如聲請人所述，離婚時有約定每月 5,000 元，相對人另外支付的錢就是聲請人剛才所說的眼鏡及鞋子的錢，這些事情是都是伊聽聲請人說的，伊也有和小孩甲○○聊過，所以伊知道小孩都是聲請人在照顧等語（見本院 104 年 7 月 21 日非訟事件筆錄），**復參以相對人對證人鄒○甫供證內容亦表示無任何意見等語（見本院 104 年 7 月 21 日非訟事件筆錄），足見證人鄒○甫所述非虛，堪信聲請人之主張為真實。**

（三）經本院囑託新北市政府社會局委託映○社會工作師事務所訪視聲請人及未成年子女之結果略以：（一）、監護意願與監護動機之評估：依據聲請人陳述，自兩造於 103 年 8 月 8 日離異後，被監護人皆由聲

請人擔任主要照顧者迄今,相對人因工作繁忙需經常於中國大陸往返,鮮少照顧被監護人。**聲請人為提供被監護人穩定的生活,並便利辦理相關就學等手續,故希望改為由聲請人單獨監護被監護人,評估聲請人具有高度監護意願,監護動機為正向目的。**(二)、監護能力與支持系統評估:(1)親職能力:被監護人目前與聲請人及其家庭成員共同居住,聲請人對於被監護人生活作息了解,且訪視觀察聲請人與被監護人互動自然,評估聲請人親職能力良好。(2)教養能力:聲請人能依被監護人之意願盡其所能支持其升學,且積極與被監護人培養親子互動關係,評估聲請人具良好教養能力。(3)經濟能力:聲請人工作及收入穩定,評估能提供被監護人基本生活所需。(4)支持系統:聲請人與原生家庭關係良好,被監護人與聲請人家庭成員亦保持聯繫及互動,評估聲請人非正式支持系統良好。……

(三)**被監護人意願與照顧情形評估:被監護(編按:被監護人)目前 10 歲,已具思考與自由表達能力,目前聲請人及被監護人共同居住,生活狀況穩定,被監護人表達與聲請人關係親密、互動關係良好,且聲請人為被監護人之主要照顧者,被監護人希望能維持目前穩定之生活並由聲請人監護。**訪視時觀察聲請人與被監護人互動自然無異狀,對於生活環境熟悉,且被監護人外觀並無疏忽照故之情形,評估聲請人可提供被監護人穩定生活所需。

(四)綜上各情,本院審酌未成年子女甲〇〇現年 10 歲,為兒童成長發育之階段,亟需親人貼近之關懷與照顧。惟兩造離婚後均由聲請人

照顧未成年子女甲○○，**反觀相對人長期於大陸工作，無法親自照顧未成年子女，僅於寒暑假期間探視未成年子女，又曾有未給付子女扶養費用之情事，相對人顯有未盡保護教養之責**；而聲請人現與子女甲○○同住，為甲○○出生後迄今之主要照顧者，**甲○○對於聲請人之照顧具有深厚之情感依附，且子女甲○○於社工訪視時亦表達由聲請人監護之意願，此等意願本院應予尊重**，是認未成年子女甲○○權利義務之行使或負擔改定由聲請人單獨任之，應符合該未成年子女之最佳利益，故本件聲請人之請求，為有理由，應予准許。

親權行使方式

不付扶養費？那小孩從此跟我姓也是合理的吧！

　　劉小姐與前夫有過一段婚姻，並生下孩子。但在婚姻生活持續一年後，雙方認為彼此並不適合，所以協議離婚，並約定由劉小姐單獨行使、負擔未成年子女的權利與義務，而劉小姐的前夫每個月應該給予未成年子女五千元的扶養費。孰料，自從離婚協議簽訂之日起，劉小姐的前夫未曾給付任何扶養費。六年轉眼過去了，劉小姐認為前夫從未關心孩子，也未曾給付分毫扶養費，根本棄他們於不顧，因此想將未成年子女改和自己同姓，劉小姐的主張有道理嗎？

律師貼心話：

　　劉小姐可向法院提出離婚協議書、戶籍謄本、郵政存簿儲金簿存摺明細等來加以證明，劉小姐的前夫從離婚協議書簽訂之日起，即不曾依約給付任何扶養費給未成年子女。

　　改姓的案例中，依實務經驗，未成年子女自身的意願有一定程度的重要性，縱然未成年子女年紀還小，在實務上，法院往往也會尊重未成年子女自身的意願。

　　此外，因改姓屬於家事事件，家事調查報告的內容是法院斟酌的重點，故律師建議當事人，一定要盡力配合法院所排定的訪視時間，以免因此而導致不利結果。

高雄少年及家事法院 104 年家親聲字第 261 號民事裁定

主文：

准聲請人乙〇〇（女，民國九十八年六月一日生，身分證統一編號：Z000000000 號）變更姓氏為母姓「劉」。

程序費用由聲請人負擔。

事實及理由：

一、聲請意旨略以：

聲請人乙〇〇之父母甲〇〇、丙〇〇於民國 98 年 4 月 7 日結婚，嗣於 99 年 1 月 7 日離婚，並約定未成年人即聲請人之權利義務之行使或負擔由母丙〇〇單獨任之；相對人同意於每月 10 前按月給付聲請人生活費及教育費用新臺幣 5,000 元至聲請人成年為止，作為聲請人之扶養費用。詎相對人自離婚後迄今，均未依約給付扶養費，縱經催促其履行，亦相應不理；又其因案執行，顯然長期未對聲請人善盡保護教養

之責，聲請人多年來均由母親及母系家庭扶養照顧，與相對人親子關係疏離，故為聲請人人格健全發展及行使親權之母系家庭共同生活和諧美滿，爰依民法第 1059 條規定，聲請准予宣告變更聲請人之姓氏為母姓「劉」等語。

二、法院判斷：

（一）聲請人上開主張，業據聲請人提出離婚協議書、戶籍謄本、聲請人之法定代理人丙〇〇郵政存簿儲金簿存摺封面及明細等為證，並經聲請人之法定代理人到庭陳稱：「（問：為何要變更聲請人姓氏？）未成年子女出生到現在已經快 6 年了，相對人從來沒有支付扶養費，也沒有來看過未成年子女，相對人都知道我們的住處，從未來關心過未成年子女。」等語（見本院卷第 83 至 84 頁）**以及聲請人到庭陳述：「（問：同學叫你什麼？）劉〇汝。」、「（問：你比較喜歡哪個名字）劉〇汝，比較好寫。」、「（問：有沒有看過爸爸？）從來沒有，因為我還是小嬰兒。」、「（問：其他小朋友叫你新名字，有沒有問題？）沒問題，有的小朋友會忘記，就叫我乙〇〇。」等語屬實**（見本院卷第 85 至 86 頁），復經本院調閱相對人前案記錄，顯示相對人確有因案執行情事，有臺灣高等法院被告前案紀錄表（見本院卷第 42 頁）在卷可按。**另經本院依職權囑託社團法人高雄市燭光協會對兩造及聲請人母親丙〇〇調查訪視，其評估建議認為：1. 聲請人自出生後即由母親及外祖父母照顧生活起居，對於變更姓氏為母姓感到高興，顯示聲請人與母親有一定情感依附；又聲請人之母現已再婚生子，顧慮聲請人可能因自己姓氏與外祖父母或同母異父弟不同而心中感到疑惑，甚**

至損及身心健全發展，故同意聲請人變更姓氏為母姓；再者，聲請人母親在幼稚園工作，有穩定收入，外祖父母經營拖板車修護廠，會協助聲請人繳納學費，認聲請人可自母親及外祖父母獲得日常生活所需；又聲請人之母瞭解聲請人之生活作息、個人喜好及健康狀況，顯示聲請人母親具一定親職能力。**2. 相對人表示聲請人從小即由聲請人母親及其娘家父母照顧扶養，其自與聲請人母親離婚後即未給付扶養費亦未曾探視聲請人，對於聲請人未負應有扶養義務責任，對於聲請人欲聲請變更為母姓表示尊重等語**，此分別有該會 104 年 3 月 13 日及同年 8 月 11 日 104 高市燭鳴字第 63 號函暨所附訪視調查報告（見本院卷第 63 及第 95 頁背面）附卷可參。是綜上開事證，堪認聲請人之主張為真正。

（二）本院審酌相對人與聲請人之母親離婚後，相對人即未曾探視聲請人，亦未依約支付扶養費用，聲請人對於相對人之記憶模糊，足認聲請人與相對人確已長期失去社會生活之聯結關係，相對人對聲請人並未善盡保護或教養之義務；且聲請人均由母親及外祖父母扶養照顧，已建立相當之家族依附及認同感；

……**而聲請人業已明確表達變更姓氏之意願，自應予以尊重等情；復參酌相對人對於聲請人變更為母姓一節，亦予以尊重**，堪認聲請人之姓氏變更與母親相同，可使其對母親及其母姓產生認同感及歸屬感，有利於其人格及身心健全發展，較符合未成年人之利益。是依上開規定，聲請人聲請變更姓氏為母姓即「劉」姓，於法尚無不合，應予准許。

相　關 法　條	**民法第 1059 條第 5 項** 有下列各款情形之一，法院得依父母之一方或子女之請求，為子女之利益，宣告變更子女之姓氏為父姓或母姓：一、父母離婚者。二、父母之一方或雙方死亡者。三、父母之一方或雙方生死不明滿三年者。四、父母之一方顯有未盡保護或教養義務之情事者。

改定親權

前夫老在孩子面前說我壞話、破壞母子感情，可以要求改定親權嗎？

　　王先生和張女士因個性不合協議離婚，結束了十二年的婚姻關係，協議中除約定其未成年的兒子王小夫由王先生單獨行使親權外，也就張女士與王小夫會面交往的方式及期間有所約定。後來王先生雖有依約讓王小夫與張女士出遊、互動，張女士卻自王小夫口中得知王先生經常向王小夫灌輸離間母子感情的思想，例如：「媽媽要自組家庭，她不要照顧你了」、「媽媽有新男友了，跟媽媽一起出門會很丟臉」、「媽媽只愛錢不愛你，不要跟媽媽見面了」等語，有時甚至會阻撓兩人的會面交往，使王小夫活在被遺棄的感覺中。忍無可忍的張女士遂向法院聲請改定親權……

律師貼心話：

　　法院認為，法律上所謂「對未成年子女有不利之情事」，非拘泥在父或母本身對未成年子女的不利行為，評估的內容還包括其所營造的整體環境對

子女有無不利而言，如此方符合法律保護未成年子女、追求子女最大利益的真諦。故縱使父或母本身未實際從事對未成年子女不利之行為，但其所營造的環境氛圍不利子女時，仍可構成法律規定請求法院改定親權的事由。

本事例的證明方式，主要採用王小夫的證詞，法院認為他現在已經十一歲，具有一定的表達及事理判斷的能力，且他與王先生、張女士均為骨肉至親，當無偏袒一方而故意為對他方不利陳述的動機或必要，故選擇相信王小夫的證詞。

律師貼心說明，本案件中的王先生雖未斷然禁止王小夫與張女士會面交往，惟母愛關懷為子女日後人格發展健全之重要一環，王先生更應盡力維繫兩人的母子親情，自然不應於王小夫面前詆毀張女士，否則長此以往，王小夫難免對張女士產生不良觀感，如此除造成二人的關係日漸疏離外，亦有使王小夫產生偏差觀念之虞，法院因此認定，倘由王先生繼續行使對王小夫的親權，對於王小夫恐生不利影響，而有改定由母親張女士行使負擔王小夫權利義務之必要。

臺灣士林地方法院民事裁定 100 年度監字第 321 號民事裁定摘要

主文：

對於兩造所生之未成年子女黃○○、黃○○權利義務之行使或負擔，均改由聲請人單獨任之。

相對人得依附表所示之方式及期間與黃○○、黃○○會面交往。聲請

程序費用由相對人負擔。

理由：

……又兩造長子黃○○到庭證稱：「（問：爸爸、媽媽離婚後，你有無按時與媽媽見面？）沒有，因為有時爸爸不讓我去與媽媽見面，爸爸會找很多理由，爸爸會說媽媽不要照顧我，說媽媽要自組家庭，不要照顧我們了。」……「（問：今年農曆過年有無與媽媽一起過？）本來寒假期間媽媽有 10 天與我們會面，媽媽也有規劃與我們見面的時間，並寫在紙上交給我，要我轉交爸爸，我有轉交，爸爸沒有表示意見，等媽媽要來接我們時，爸爸就說媽媽的妹妹要來臺灣，叫我們留在家裡，因此那天就沒有與媽媽見面，寒假期間我們與媽媽會面不到 8 天，差不多 5 天而已。另爸爸要去玩，我們不想去，爸爸會逼我們一起去。」、「（問：爸爸有無在你們面前說媽媽的事？）常常說。」、「（問：是說何事？）說媽媽的壞話。」、「（問：是何壞話？）會拿離婚證明書給我們看，一直說只能與媽媽見面，不能過去媽媽那邊住，還說媽媽沒有負責任，說媽媽要自己組一個家庭，叫我們不能去。」、「（問：爸爸、媽媽離婚後，你有無到大陸去？）有，是爸爸帶我們去大陸找外婆、外公及媽媽的妹妹，如果媽媽要帶我們去的話，爸爸就不會把護照給我們，不讓媽媽帶我們去。」、「（問：離婚後，媽媽有無要帶你們去大陸？）有，有 2、3 次，是暑假、寒假時，但都沒有去成。」、「（問：為何沒有去成？）因為爸爸不給我們護照。」、「（問：爸爸為何不給你們護照？）媽媽要帶我們去，爸爸

覺得很丟臉，因為媽媽要帶我們還有媽媽的男朋友去，爸爸覺得別人看到我們在一起會很丟臉。」、「（問：爸爸、媽媽離婚後，你與爸爸相處情況？）還好。」、「（問：爸爸、媽媽離婚後，你與媽媽相處情況？）比較好，因為媽媽不會在我面前講爸爸的壞話，會準時將我們送回家。」……等語（見本院 101 年 2 月 20 日筆錄）。……按黃○○、黃○○現已分別 13 歲、11 歲，具有一定之表達及事理判斷之能力，其等與兩造均為骨肉至親關係，衡情當無偏袒一造而故為他造不利陳述之動機或必要，且其等上開證述之內容亦互核相符，所證自堪採信。依其等所述，相對人於兩造離婚後，確多次於其等面前有侮辱聲請人之不當言行，亦有阻撓聲請人與子女會面交往之舉。

……（五）相對人於黃○○、黃○○面前指摘聲請人不是，復阻撓聲請人與黃○○、黃○○會面交往，無異剝奪其等享有母愛關懷之機會，相對人之觀念、作法殊有偏差與不當，此對子女而言，自屬負面教育，對於子女之成長有不利之影響；又**縱相對人未強制子女不准與聲請人會面交往，惟母愛關懷亦為子女日後人格發展健全之重要一環，相對人亦應盡力維繫子女與聲請人之親情，而非得於子女面前詆毀聲請人，若長此以往，子女將對聲請人產生不良觀感，除造成聲請人與子女之關係日漸疏離外，亦恐使子女產生偏差觀念之虞，因此，倘由相對人繼續行使對黃○○、黃○○之親權，對於黃○○、黃○○恐生不利影響。**

……（六）綜上，相對人身為行使負擔未成年子女權利義務之人，既

未能尊重聲請人與子女會面交往之權利，更長期忽視子女對於母愛親情之需求，壓抑子女對母親真實情感之流露。且按**民法第 1055 條第 3 項**規定，行使、負擔權利義務之一方未盡保護教養之義務或對未成年子女有不利之情事者，他方、未成年子女、主管機關、社會福利機構或其他利害關係人得為子女之利益，請求法院改定之。而其中「**對未成年子女有不利之情事**」，**非拘泥在行使、負擔權利義務之父或母其本身對未成年子女有不利之情事，尚應包括其所營造之整體環境對子女有不利而言，如此方符合法律保護未成年子女、及追求子女最大利益意旨**。故縱使行使負擔權利義務之父或母本身無從事對未成年子女不利之行為，惟其所營造之整體環境對子女不利時，仍可構成法律規定請求法院改定監護之事由。**本件相對人為行使負擔未成年子女權利義務之一方，未能營造聲請人行使探視權之適當環境，致危及未成年子女享受聲請人親情照拂之基本權利，自應評價為對未成年子女不利，已構成上揭法定對未成年子女有不利情事**。是相對人之行為害及未成年子女之健全人格發展，確有不利於未成年子女之情事存在，而**有改定行使負擔其等權利義務之人之必要**。

相 關
法 條

民法第 1055-1 條

法院為前條裁判時，應依子女之最佳利益，審酌一切情狀，尤應注意下列事項：

一、子女之年齡、性別、人數及健康情形。

二、子女之意願及人格發展之需要。

三、父母之年齡、職業、品行、健康情形、經濟能力及生活狀況。

四、父母保護教養子女之意願及態度。

五、父母子女間或未成年子女與其他共同生活之人間之感情狀況。

六、父母之一方是否有妨礙他方對未成年子女權利義務行使負擔之行為。

七、各族群之傳統習俗、文化及價值觀。

前項子女最佳利益之審酌，法院除得參考社工人員之訪視報告或家事調查官之調查報告外，並得依囑託警察機關、稅捐機關、金融機構、學校及其他有關機關、團體或具有相關專業知識之適當人士就特定事項調查之結果認定之。

略誘罪

怕孩子被帶走，乾脆先下手為強？
偷藏子女小心構成略誘罪，不利日後爭取親權

　　程先生和廖小姐結婚十多年，生了兩個可愛的帥小子，本來令人稱羨的圓滿家庭，仍因兩人激情褪去，婚姻瀕臨崩潰邊緣。程先生一方面不想大人間的爭執影響孩子，另一方面也害怕廖小姐把孩子藏起來，於是決定先下手為強，瞞著廖小姐將兩個孩子帶去親友家或旅館住宿，甚至也偷偷幫兩個孩子辦了轉學。廖小姐返家後找不到兩個孩子，焦急得數次向警方尋求協助，雖然程先生最終還是把孩子帶回來了，但嚇壞了的廖小姐仍堅持上法院對程先生提出告訴……

律師貼心話：

　　父母在婚姻關係存續中，雙方對未成年子女均有親權，符合刑法第241條略誘罪所謂「監督權人」的要件。換言之，父母只要是「監督權人」，都可能構成略誘罪，律師貼心提醒，任一方以不法手段讓未成年子女脫離原來

雙親共同監督的狀態（例如擅自移送出境、長期阻隔他方探視或行使親權，使未成年子女置於自己的支配照顧下，未成年子女因此與家人或其他監督權人完全脫離關係），顯然已侵犯了其他監督權人監督權的行使，也使未成年子女無法在雙親照顧扶養下快樂、正常地成長，也可能因此構成刑法第 241 條的略誘罪！

所以縱使夫妻間面臨離婚或親權的紛爭，也應該要以未成年子女的最佳利益為考量，建議可以透過法院以「暫時處分」的方式來暫定如何與未成年子女見面，不可以出於惡意將小孩藏起來，如此除了對孩子的成長不利，也可能對將來的訴訟造成不好的影響。

臺灣高等法院台中分院 102 年度上訴字第 113 號判決

主文：

原判決撤銷。

丁○○犯略誘罪，處有期徒刑捌月。緩刑貳年。

理由：

……按對於未成年子女之權利義務，除法律另有規定外，由父母共同行使或負擔之，民法第 1089 條定有明文。所謂親權應指對於子女身體之照護（包括住居所之指定、子女之交付請求權、懲戒權、子女身分上行為之同意權及代理權），及財產上之照護（包括法定代理權、同意權、子女特有及一般財產上之管理、使用、收益、處分權）之權利

行使而言。又刑法第 241 條略誘罪所保護之法益，在保護家庭間之圓滿關係，及家長或其他有監督人之監督權。該條略誘罪之規定，並未就犯罪主體設有限制，解釋上享有親權之人，仍得為該罪之犯罪主體，即於有數監督權人之情形下，若有監督權之一方對於未滿 20 歲之被誘人施用強暴、脅迫或詐術等不法手段而予以拐取，使脫離原來之狀態，而置於一己實力支配下，使其與家庭或其他有監督權之人完全脫離關係，仍應有該條之適用。未成年子女之父母在法律上既均享有親權，不得由任何一方之意思而有所侵害，以父或母一方之不法行為，使脫離他方親權時，仍應負刑事上相當罪責（最高法院 21 年上字第 1504 號判例、93 年度台上字第 4335 號判決意旨參照）。被告與其妻戊○自 96 年 2 月間起，即長期分居臺、○兩地，戊○則不定期返臺與被告及其子丙○、丙○然相聚等情，詳如前述，此為被告與其妻戊○婚姻關係現實存在之生活方式，不論和諧與否，在未經依法定程序解除或限制戊○之親權行使前，任何人均不得非法剝奪。是以被告與戊○在婚姻關係存續中，對其子丙○、丙○然享有親權，且為其子丙○、丙○然之監督權人，自不因戊○是否長期在臺定居、其子丙○及丙○然是否願意與其相處、是否提供生活費或是否盡教養之責，而影響戊○之親權及監督權，被告雖亦為其子丙○、丙○然之監督權人，然亦無權擅自剝奪其妻戊○對其子丙○、丙○然之親權及監督權之行使。故被告之辯護人辯稱：告訴人戊○對於其子丙○、丙○然並未盡教養之責任，從而其子丙○、丙○然不喜歡與告訴人單獨相處，在戊○疏於照顧子女之情況下，其子女之人身自由更值得法律保護之，其法益應

高於告訴人之監護權等語，即有誤會。

……按刑法所謂略誘罪，係指以強暴、脅迫、詐術等不正之手段而拐取之者，若被誘者有自主之意思，或並得其承諾，即屬和誘範圍，不能以略誘論，惟若被誘人無自主意思及同意能力，則將之誘出置於己之實力支配之下者，仍屬略誘（最高法院 20 年上字第 1309 號及 26 年上字第 1166 號判例意旨參照）。次按意思能力之有無，本應就個案審查以判定其行為是否有效，始符實際。未滿 7 歲之幼童，雖不得謂為全無意思能力，然確有意思能力與否，實際上頗不易證明，故民法第 13 條第 1 項規定「未滿 7 歲之未成年人，無行為能力」，以防無益之爭論；此觀諸該條之立法理由自明。未滿 7 歲之男女，依民法第 13 條第 1 項之規定，既無行為能力，即將之概作無意思能力處理（最高法院 99 年第 7 次刑事庭會議決議參照）。準此，應認未滿 7 歲之男女並無自主意思而可與行為人為合意之意思能力，合先敘明。

第四部

暫時處分篇

金錢給付

等待裁判期間可否請求先給付全額扶養費？

　　李小姐和前夫離婚後，為了全心照顧身心障礙的女兒，不得已辭掉原本的工作。沒了收入的李小姐，母女二人的生活開銷皆仰賴前夫按月支付的微薄扶養費，但無奈的是，李小姐的前夫本身經濟狀況也不穩定，已經很長一段時間沒有依約定匯款到李小姐的帳戶，無奈之下，李小姐只好聽從律師的建議，循司法途徑向前夫請求給付扶養費。但上法院這條路不僅漫長，而且充滿了不確定性，在這個等待的過程，生活沒有一天不花錢，李小姐的存款就要見底，催繳帳單又一直來，法律上有沒有什麼方法可以讓李小姐先跟前夫拿錢，暫時一解燃眉之急呢？

律師貼心話：

　　考量到訴訟是條漫漫長路，為免受扶養權利人在等待法院作成給付扶養費的本案裁判期間，生活有立刻陷入困境的危險，在法律上當事人可以向法

院聲請作成暫時處分，請法院命對方在本案裁判確定前，先行支付必要的扶養費用。

　　暫時處分中可以請求多少金額，法院原則上會參考行政院主計處所發布的家庭收支調查報告，並按照各縣市平均每人每月消費性支出標準認定。至於父母各自應負擔多少，依照民法第 1116 條第 3 項、第 1119 條的規定，法院會考量父、母雙方各自的經濟能力、身分，以及受扶養權利者的需要等因素，加以酌定父母各自需負擔的金額。

　　如果因未成年子女需要父母之一方全心全意照護，該負責照護的一方將因此無法工作，參酌前開法律的規定，法院可能暫時裁定具有經濟能力的他方負擔較高比例，甚至是全額的扶養費。

臺灣臺北地方法院 101 年家暫字第 13 號民事裁定

主文：

相對人應自民國 101 年 8 月 14 日起至子女扶養費事件之裁定確定之日止，按月於每月 5 日以前給付聲請人扶養未成年（子）女張○瑜、張○華之費用每人（各）新臺幣貳萬伍仟伍佰零捌元整，如遲誤一期之履行，其餘每 12 個月之期間視為既已到期。

聲請費用由相對人負擔。

理由：

「……兩造於 101 年 7 月 10 日和解離婚後，相對人即拒絕支付未成年

子女扶養費，還以電子郵件催促聲請人遷出住處。然兩造長之女張○瑜患有極為嚴重之異位性皮膚炎，全身皮膚經常發炎、潰爛，經常痛得夜不成眠，日前因為天氣炎熱，導致張○瑜之病情加重，住院治療一週後，還需每二週回診一次。兩造之次女張○華有全面性發展遲緩現象，復健過程漫長，日前復發現其腦部有二處疑似囊腫的異常病癥，更須小心照顧。聲請人為全時照顧二名有特殊需求女兒，根本無法外出就業，全無收入，**相對人應提供全額扶養費**。依行政院主計處99年家庭收支調查報告，臺北市民99年度之國民平均消費支出為每月新台幣（以下同）25,508元，以此為計算基準，再參酌二名女兒均有特殊醫療需求，及相對人拒絕提供居住處所，與聲請人日後尚需負擔房屋租金等情，上述國民平均消費數額對聲請人而言，只能維持最低生活需求等語，並提出醫院診斷證明、電子郵件影本等件為證。」

「本院審酌上開一切情狀，認為聲請人與其未成年女張○瑜及張○華，確有因相對人不給付扶養費而陷於生活困難之虞，應有**命相對人按月給付每名子女扶養費 25,508 元之必要**；復為督促相對人按期履行，並諭知如有一期遲誤，其後每12個月視為亦已到期，以確保兒童能夠平安穩定的成長。爰裁定如主文。」

子女有特殊醫療費用需求，可否請求多一點扶養費？

張小姐離婚後獨自照顧女兒，但最近女兒被診斷出患有罕見疾病，需使用昂貴的自費藥物，加上張小姐的前夫又以另組家庭為由，不願意再給付扶養費，持續拖欠醫院的費用對母女倆原本就不寬裕的生活更是雪上加霜，此時張小姐可否在向法院提起請求前夫給付扶養費的同時，聲請法院作成暫時處分，命前夫在法院給付扶養費的裁判前，先給付扶養費，而且希望數額可以多一點，讓張小姐能夠應付女兒的醫藥費用？

律師貼心話：

若欲請求給付子女扶養費的暫時處分，為說明處分急迫性，聲請人得提出低收入戶等收入證明，讓法院評估其現在是否因對方不支付扶養費而陷於生活困難。

因行政院主計處所公布的家庭收支調查報告中每人每月平均消費支出已包含國人日常生活所需食、衣、住、行、育樂等項目，故法院多以此作為決定子女扶養費用負擔的標準。

若子女因醫療需求而較一般人平均消費支出高，法院會評估對方的經濟能力以及是否確實有此需要而酌定較高的扶養費用，但因此部分仍須更進一步調查，考慮到暫時處分目的是為盡快解決現實急迫情況，故法院不會於暫時處分程序中直接提高請求金額，而會留待本案程序再做處理。

臺灣高雄少年及家事法院 101 年家暫字第 30 號民事裁定

主文：

相對人於本院一百年度監字第五五三號酌定未成年人監護人等事件裁定確定或終結前，按月於每月九日以前給付聲請人新臺幣壹萬元整，如遲誤一期之履行，其餘每十二個月之期間視為既已到期。

其餘聲請駁回。

理由：

經查：聲請人主張之上開事實，業據其提出高雄市苓雅區公所**中低收入戶證明書**為證，且經本院依職權調閱 100 年度監字第 553 號案卷核閱無誤，是聲請人僅兩歲餘，而由其母獨自扶養照顧，經濟上之負擔不可謂不重，且**確有因相對人不給付扶養費而陷於生活困難之虞**。聲請人既已由相對人認領為婚生子，僅因相對人與聲請人之母就未成年子女之權利義務之行使或負擔歸屬與扶養費有所爭執，則為使聲請人在本院 100 年度監字第 553 號酌定未成年人監護人等案件調查或審理期間，能受適當之教養、撫育，並考量其有食衣住行育樂等基本之生活需要，為利其身心發展，本院爰依前揭法條規定及說明，另參酌**行政院主計處家庭收支調查所公告之高雄市 100 年度平均每人月消費支出為 18,100 元**，並考量相對人及聲請人之母許○婷之經濟能力，爰准予核發如主文第 1 項所示之暫時處分；復為督促相對人按期履行，並諭知如有一期遲誤，其後每 12 個月視為亦已到期，以確保聲請人聲請

人之權益。至聲請人原以患有異位性皮膚炎須增加必要支出而逾此部份之請求，因父母本應按各自經濟能力協力負擔未成年子女之扶養費，而相對人經濟狀況亦屬一般，縱認聲請人有特殊醫療需求長久而言需較高額之扶養費用，然此部份尚待進一步調查之必要，本院認已准許上開暫時處分之內容，應足以使聲請人一般日常生活所需之用，故逾此部份聲請不應准許，應予駁回。

禁止處分不動產

等待裁判期間，對方要趕我跟孩子走怎麼辦？

　　都會女子琇琳在婚後洗盡鉛華、嫁雞隨雞，和交往多年的男友凱文一起搬回凱文的鄉下老家，原本兩人打算就在這裡養兒育女、攜手一生，但不願意被柴米油鹽束縛的凱文，在子女相繼出世後不久，就以到外地打工為由拋家棄子，留下琇琳用微薄的薪水拉拔兩人的孩子長大。但這幾年因為大環境景氣不佳，薪資成長停滯，琇琳再也無力負擔飆漲的日常開銷，決心上法院向凱文請求支付扶養費用，要凱文也盡到為人夫、為人父的責任，但沒想到，凱文得知琇琳上法院的事情後，竟反過來要脅琇琳搬離登記在凱文名下的老家！琇琳一介女流，隻身在異鄉討生活，又帶著兩個年幼無知的孩子，實在不知何去何從，難道就此露宿街頭……

律師貼心話：

　　在這個案例中，縱然房屋為對方所有，聲請人仍可以在等待裁判期間，

第四部 暫時處分篇
—— 禁止處分不動產

金錢給付

禁止處分不動產

親權行使

會面交往

向法院聲請定暫時處分，請求法院命相對人暫時不得對該房屋為出租、出借、移轉、設定負擔等行為。

聲請人向法院請求核發暫時處分的釋明方式，可以提出相對人所寄發的存證信函為證（存證信函的內容為：要求聲請人及兩造所生之子女限期搬出該房屋）。另在法院判決中，雖然認為此種方式的釋明不足，但得以保證金補充釋明的不足。

如果聲請人同時受有法律扶助時，前項保證金得以法律扶助基金會出具之保證書代替。

臺灣新北地方法院 102 年家暫字第 26 號民事裁定

主文：

聲請人以新台幣伍拾貳萬貳仟元或財團法人法律扶助基金會台北分會出具之保證書額度新台幣伍拾貳萬貳仟元為相對人供擔保後，於本院一〇二年度家非調字第一八〇號請求給付扶養費等事件裁判確定或和解或撤回前，**禁止相對人**將其名下所有坐落新北市〇〇區〇〇段 000 地號土地及其上建物（建號 778 號，門牌號碼新北市〇〇區〇〇路 0 段 00 號 1 樓，含一樓建物、騎樓、附屬建物）**為出租、出借等負擔或移轉、設定等處分之行為。**

相對人如以新台幣伍佰貳拾貳萬貳仟捌佰伍拾壹元為聲請人供擔保或將上開金額提存後，得免為或撤銷前項暫時處分。

程序費用由相對人負擔。

理由：

一、按法院就已受理之家事非訟事件，除法律別有規定外，於本案裁定確定前，認有必要時，得依聲請或依職權命為適當之暫時處分；但關係人得處分之事項，非依其聲請，不得為之；關係人為前項聲請時，應表明本案請求、應受暫時處分之事項及其事由，並就得處分之事項釋明暫時處分之事由；家事事件法第85條第1項、第2項定有明文。次按給付家庭生活費用、扶養費或贍養費之婚姻非訟事件，法院於受理後，於本案裁定確定前，得為下列之暫時處分：（一）依聲請核發禁止相對人處分特定財產之暫時處分。法院認為適當時，並得命聲請人提供擔保。（二）聲請人已陷生活困難或有陷於生活困難之虞者，法院得命相對人為一定之給付、分期給付或給付定期金。並得定應給付之期間。（三）夫妻之一方有接受醫療、心理諮商或輔導之急迫需要者，於他方資力所能負擔之範圍內，命他方支付費用。（四）命交付維持生活必需物品。（五）其他法院認為適當之暫時性舉措；「家事非訟事件暫時處分類型及方法辦法」第6條定有明文。

二、本件聲請意旨略以：兩造原係夫妻關係，育有子女楊含○（民國00年0月00日生）、楊尚○（78年6月11日生），於88年9月10日經鈞院以88年度婚字第338號民事判決准兩造離婚，並定對於楊含○、楊尚○權利義務之行使或負擔由聲請人任之。相對人自80年間離家後即拋妻棄子，未支付聲請人及子女之生活費用。初期相對人之父

親尚有給付聲請人費用以補貼生活支出，然自 81 年起亦未再支付分文。子女楊含○、楊尚○均由聲請人個人照顧扶養，家庭生活費用、子女扶養費亦由聲請人代墊。為此，聲請人對相對人提起給付家庭生活費用及扶養費，請求相對人償還聲請人自 81 年 1 月 1 日起至兩造的裁判離婚確定前一日即 89 年 1 月 6 日止所代墊之家庭生活費用，暨自兩造的裁判離婚確定日即 89 年 1 月 7 日起至兩造所生子女楊含○、楊尚○分別成年日止所代墊之扶養費共計 5,222,851 元。**因聲請人前接獲以相對人名義所寄發之存證信函，稱相對人委託第三人楊○蘭處理相對人名下所有位於新北市○○區○○路 0 段 00 號 1 樓房地之產權，並限期命聲請人與子女搬離相對人原無償提供予聲請人及子女居住使用之該房屋，因上揭房地隨時有被處分之虞，情況甚為急迫，聲請人恐日後本案請求有不能實現之虞，故請求鈞院於兩造間給付扶養費等事件確定前，禁止相對人處分名下所有位於新北市○○區○○路○段 00 號 1 樓房地之產權之暫時處分**，聲請人願供擔保以補釋明不足處等語。

三、經查，聲請人主張之事實，業據聲請人提有戶籍謄本、**本院 88 年度婚字第 338 號民事判決書暨判決確定證明書影本、存證信函影本、土地登記第一類謄本、建物登記第一類謄本**各一件為證，並經本院依職權調閱本院 88 年度婚字第 338 號民事判決書核屬無誤。參酌聲請人提出之存證信函內容謂：「本人楊○富委託楊○蘭處理新北市○○區○○路 0 段 00 號 1 樓之產權，本基地已檢定為海沙屋危樓，基座須進行拆建，特發此函，限柯○辰、楊含○、楊尚○接信後三個月內搬遷，接信當日開始計算，特此通知。」等語，且聲請人願意提供擔保以補

釋明不足處，爰酌定如主文第一項所示。又另酌定相對人得供擔保後或將金額提存後，得免為或撤銷暫時處分，爰裁定如主文第二項所示。

四、依家事事件法第 97 條、非訟事件法第 21 條第 2 項、民事訴訟法第 95 條、第 78 條裁定如主文。

親權行使

在暫時處分中聲請單獨行使親權

　　欣欣和小宋結婚之後很快地生了兩個孩子，可惜好景不常，小宋受大環境不景氣的影響，無預警被裁撤，整日借酒澆愁，一家四口只靠欣欣在豆漿店打工的微薄薪水生活，貧賤夫妻百事哀，兩人多年夫妻情份也被經濟壓力壓得蕩然無存，經多次溝通未果，欣欣終究走上訴請法院判決離婚一途。面臨失業、失去經濟支持、失婚、失去子女壓力的小宋，不只天天去騷擾暫時搬回娘家居住的欣欣，回到家後更是肆無忌憚地摔碗盤、甩門宣洩自己的壓力。因為害怕孩子背著自己去找欣欣，小宋沒收了兩個小孩的身分證和健保卡，使他們生病了無法就醫，學校就要開學了也不能到銀行辦理就學貸款。欣欣不忍父母間的爭執連累子女，所以請教律師，雖然離婚官司還沒有結果，但法律上有沒有什麼辦法可以使孩子先和媽媽在一起，要求爸爸放人、把證件都交出來，別耽誤了學校註冊繳費的時間呢？

律師貼心話

暫時處分中不得搶先實現本案請求是一個原則，但法院在某些例外狀況，確實有可能對該原則做出一些調整或突破。例如本案裁判確定前，關於未成年子女的照顧方式，法院就可能會因為考量到某些因素，綜合審酌後認為有必要作成暫時處分，由父母之一方暫時單獨任未成年子女之親權人（即一般所稱之「監護人」），由其單獨行使或負擔未成年子女之權利、義務。

在本件中，對方沒有妥善照顧子女，有施用暴力、惡意扣留證件、不配合辦理就學必要手續等不利於子女的情形，可以向法院聲請在等待離婚本訴判決結果的時候，作成暫時處分，讓小孩先跟我方同住、由我方照顧。

在聲請作成單獨行使親權的暫時處分時，除了蒐集對方未善盡照顧職責的事證外，如何向法官說明我方照顧子女的意願強烈、一起居住環境良好，並且有妥善照顧子女的能力等「加分」因素，也是很重要的！

律師要特別提醒：在暫時處分中不得搶先實現本案請求之原則下，欲向法院聲請「單獨擔任未成年子女之親權人」者，需要更堅強的理由，經過法院較嚴格的審酌後才可能准許；相對的，若是欲聲請「與未成年子女會面交往」，因此種聲請，一則較無搶先實現本案請求之虞，二則酌定會面交往，安排未成年子女與父母雙方都保持基本的接觸，有助於親子感情的聯繫與離婚後家庭秩序的重建。故向法院聲請作成得以單獨照顧子女之暫時處分時，可以衡量是否有足夠的事證，以評估要為何種內容之聲請。至於究竟需要多少事證才能算是「足夠」而能說服法院，這就有賴專業法律實務經驗的判斷，故在為此類聲請前，最好可以先諮詢專業人員（例如：律師）的建議。

臺灣基隆地方法院民事裁定 106 年度家暫字第 10 號

主旨：

於本院 106 年度家親聲字第 43 號改定未成年子女權利義務行使負擔事件裁定確定或其他事由終結前，對於未成年子女廖○慈權利義務之行使及負擔，暫由聲請人單獨任之。

理由：

本件聲請人主張未成年子女廖○慈年紀尚幼，目前又與相對人同住，直接面對相對人因目前訴訟所生不理性情緒衝擊，相對人之行為已使未成年子女產生恐慌，實有害於未成年子女身心發展，且又無端扣押其身分證件，並因不配合辦理就學程序，有延誤未成年子女就學利益，聲請人業已提起本院 106 年度家親聲字第 43 號改定未成年子女權利義務行使負擔之案件，請求法院酌定未成年子女之監護權由聲請人單獨任之。今未成年子女業已開學，卻無證件辦理就學程序且尚未繳納學雜費，相對人無業且謊稱已繳納學費，若未定暫時處分，暫由聲請人於本案確定前單獨行使負擔未成年子女之權利、義務，恐將影響未成年子女就學，而損及未成年子女之權義等情，經本院調閱本院 106 年度家親聲字第 43 號事件全卷核閱無誤。而本院 106 年度家親聲字第 43 號事件，尚須進行訪視，並非近期內所得審結，然未成年子女廖○慈辦理助學貸款之申辦期限即將屆至，於本案確定前，若未定暫由聲請人單獨行使親權之處分，恐將影響未成年子女廖○慈之就學權益。基於未成年子女之最佳利益考量，本院認聲請人所為暫時處分之聲請，核屬有據，應予准許。

對方想把小孩帶出國怎麼辦？

臺灣人阿青和日本籍的美代子結婚，但是因為兩人無法克服文化差異，導致口角不斷，阿青只好向法院訴請離婚。在父母強烈的要求下，傳統的阿青希望兩人的兒子可以跟著自己，但美代子極力反對，因為美代子認為日本的環境較適合育幼，堅持不肯放棄兒子的親權，甚至在離婚訴訟進行期間，數度威脅要將兩人的兒子帶出國，讓阿青就算贏了官司也見不到小孩，從來沒出過國，也不諳日語的阿青著急地請教律師他應該如何是好……

律師貼心話：

夫妻一方在請求酌定未成年子女親權行使，或請求酌定與未成年子女會面交往方式等家事「非訟」事件繫屬法院中，若遭遇他方或第三人可能將未成年子女攜出境外的情形，**可向法院聲請核發「禁止他方或第三人攜帶未成年子女出境」內容的暫時處分**，以免除終局裁判作成後，親權或會面交往無法實現之疑慮。

所謂「他方或第三人可能將未成年子女攜出境外」的具體情形到底有哪些？

一、他方為非本國籍人士，離婚後擅自將未成年子女帶離原住、居所，斷絕與一方之往來及聯繫已達多時（若他方已將未成年子女帶出國外，法院可能會認定無急迫性而駁回聲請）。

二、他方為非本國籍人士，並言詞恐嚇欲帶未成年子女尋短或攜離出境，令一方無法看到未成年子女，且不讓一方與未成年子女會面交往，也拒絕告知未成年子女近況。

三、他方為非本國籍人士，且先前已有將未成年子女攜離出境的紀錄。

四、他方及未成年子女均持有外國護照，他方家屬也居住於國外。

臺灣苗栗地方法院 103 年家暫字第 7 號民事裁定

主文：

相對人於本院 103 年度家調字第 264 號請求離婚併酌定未成年子女賴○○權利、義務行使或負擔事件撤回聲請，達成和解、調解或裁判確定前，非經聲請人同意，禁止自行或使他人將未成年子女賴○○攜離中華民國國境。

理由：

……又聲請人主張相對人 3 人知悉聲請人訴請與丙○○離婚之情事後，極有可能將賴○○予以隱匿、甚至攜帶出境，致使聲請人爭取擔任賴○○親權人部分難以實現等情，業據聲請人提出與乙○○對話錄音光碟乙份、對話譯文 2 份等件為證；**且乙○○於上述對話中確有表示：「伊要把賴○○送到日本去，讓每個人都看不到」、「如果你們沒有喬好，伊就這個籌碼，大家都不要看到」、「只要聲請人與丙○○簽字離婚，賴○○伊就送走」、「兩個人誰都得不到孩子，不騙你」、「現在賴○○是在伊手中等語」。** 本院審酌上情，認聲請人與丙○○有關離婚及酌定未成年子女親權之本案請求現正由本院審理中，相對人若於本案裁定確定前或兩造達成和解、調解前，自行或使人攜帶賴○○出國，確有可能造成本案裁判確定後，聲請人無從行使權利，而對聲

151

請人造成重大、不可回復之損害。是以，綜上所述，本件確有為禁止相對人自行或使人將未成年子女賴○○攜離中華民國國境之暫時處分必要，爰裁定如主文第 1 項所示之暫時處分。

臺灣臺中地方法院 105 年家暫字第 140 號民事裁定

主文：

於本院 105 年度家補字第 2174 號確認親子關係存在等事件未成年子女丙○○之權利義務之行使或負擔部分事件裁判確定或終結前，未成年子女丙○○應經聲請人甲○○同意或陪同始得出境。

理由：

……又相對人為大陸地區人民，且曾於 105 年 8 月 24 日將未成年子女丙○○攜往大陸地區之紀錄乙情，有入出境資料連結作業系統查詢之相對人、未成年子女丙○○入出境資料附卷可憑，亦堪信為真實。**可認相對人確有將未成年子女丙○○攜出國境而影響日後本案調查及裁判後能否執行之虞，並損及未成年子女丙○○同受雙親照顧之權益，**故確有非立即定暫時處分，不足以確保本案訴訟之急迫情形，爰依家事非訟事件暫時處分類型及方法辦法第 7 條第 1 項第 4 款規定，准予核發如主文第 1 項所示之暫時處分。

臺灣臺南地方法院 102 年家暫字第 24 號民事裁定

主文：

相對人於兩造間離婚暨未成年子女監護權酌定事件裁判確定前，不得親自或委託他人將未成年人張○○、張○○攜離中華民國國境。

理由：

本件聲請意旨略以：……近日因相對人得知聲請人提起離婚訴訟，暴怒而向聲請人表示欲取回小孩護照，**相對人與兩名子女均持有加拿大護照及公民卡，相對人家人亦居住在加拿大，相對人隨時可攜兩名子女離境並定居加拿大**，屆時聲請人不僅難再見到小孩，縱日後聲請人取得子女監護權，亦有不能強制執行或甚難執行之虞，故實有禁止未成年子女出境之必要。……經查，**聲請人主張之上開事實，業據提出**戶籍謄本、民事起訴狀、本院 102 年度司家補字第 234 號離婚等事件訪視函、**相對人甲○○及兩造子女張○○、張○○之加拿大護照、公民卡（均影本）各 1 件供參，可認為有相當之釋明。**審酌聲請人為未成年人張○○、張○○之父親，與未成年人份屬至親，倘相對人於兩造間離婚暨子女監護權酌定事件裁判確定前，將未成年人張○○、張○○攜出中華民國國境，則聲請人將來取得兩名子女之監護權，確有不能執行或甚難執行之虞，是聲請人之請求尚無不合，應予准許。

臺灣高雄少年及家事法院 105 年家暫字第 81 號民事裁定

主文：

於本院一〇五年度家非調字第四一八號酌定未成年子女會面交往方式事件調解、和解成立、撤回、裁判確定或因其他事由終結前，未成年子女甲〇〇應經聲請人同意或陪同始得出境。

理由：

……本院審酌上開相對人傳送予聲請人之簡訊確實載有：「**帶孩子去死。就是回大陸。以後你想看孩子看你是去天國看還是回大陸**」等語；**復參酌相對人原為大陸籍，而未成年子女甲〇〇前於 95 年、100 年間均有入出境之紀錄**，此有簡訊翻拍照片及入出境資訊連結作業資料在卷可憑。**足認聲請人主張相對人恐將利用自己身為大陸地區人民，將未成年子女帶離臺灣等情為真實**。本院考量兩造之本案現仍爭訟中，是為避免相對人將甲〇〇帶離臺灣地區，導致日後聲請人縱經本院酌定其與甲〇〇之會面交往方式，卻陷於無法或難以行使之虞，並損及未成年子女甲〇〇之權益，確有非立即定暫時處分，不足以確保本案聲請之急迫情形，則未成年子女入出境問題自有暫時處分之必要性及急迫性，從而，本件聲請為有理由，應予准許。

臺灣高雄少年及家事法院 105 年家暫字第 141 號民事裁定

主文：

於本院一〇五年度家調字第一五四六號離婚等事件調解、和解成立、撤回、裁判確定或因其他事由終結前，兩造所生未成年子女甲〇〇應經聲請人同意或陪同始得出境。

理由：

……本院審酌相對人原為越南籍，且業已攜未成年子女離家，拒絕與聲請人聯繫長達數週；又其目前於我國尚無有勞、健保紀錄，此有勞保局被保險人投保資料查詢系統列印資料、法務部健保資訊連結作業查詢紀錄在卷可按，**顯示相對人目前在臺之居住及經濟環境均尚未穩固，而隨時有攜帶未成年子女甲〇〇返回越南依附其越南親屬之虞，**是考量兩造之本案現仍爭訟中，為避免相對人將甲〇〇帶離臺灣，導致日後本案判決確定後，聲請人之親權或會面交往權，陷於無法或難以行使之虞，並損及未成年子女甲〇〇之權益，確有非立即定暫時處分，不足以確保本案聲請之必要，則未成年子女入出境問題自有暫時處分之必要性及急迫性，從而，本件聲請為有理由，應予准許。

限制未成年子女出境事件中的主文

就親子非訟事件中，當事人為避免他方私自將子女帶離國境，滯留國外，致影響其親權之行使，常有於聲請酌定或改定親權人事件程序進行中，一併聲請暫時處分限制未成年子女出境之必要，其主文應以何內容為宜？

臺灣高等法院暨所屬法院 104 年法律座談會民事類提案第 48 號

研討結果：

主文應諭知（一）**本院○年度○字第○號○○事件撤回、調（和）解成立或裁判確定前，兩造所生未成年子女○○○（年籍）非經聲請人（或兩造）同意，不得出境；**或（二）**本院○年度○字第○號○○事件撤回、調（和）解成立或裁判確定前，兩造所生未成年子女○○○（年籍）非由聲請人陪同，不得出境。**

理由：

1. 按暫時處分限制未成年子女出境，於法院辦理親權相關事件有重要之功能，如未成年子女經當事人之一方送出境外，為我國法權所不及，縱法院於本案裁判中為不利該方之認定，亦難以執行，如此將使該未成年子女實質上脫離我國法律之保護，對其最佳利益有重大不利影響。故此類暫時處分之主文，應於國境管制實務上能被確實執行為當。

2. 依我國入出境法規，未成年人入出境毋庸經法定代理人之同意，是以暫時處分之主文若為「禁止相對人攜帶未成年子女○○○出境」，經法院通知入出境及移民主管機關後，固得將之註記於內政部移民署之管制資料檔。惟於國境線上之管制作業中，難以落實執行。例如未成年人與相對人走不同之櫃檯出境、或前後差距一段時間出境登機，因入出境管制人員無從判斷未成年人係由何人攜帶，而未成年人本人依法本得自行出境，故管制人員當場並無限制該未成年人出境之法律依據。從而，上開主文之內容實際上難以達成防止未成年子女遭相對人不當攜至境外之效果。

3. 如直接禁止未成年子女出境，固得達成限制未成年子女被攜出境外之效果。惟因未成年子女並非本案之當事人，於暫時處分之程序中，為求時效，亦常無表示意見之機會，法院以裁定直接限制其出境自由，是否符合比例原則，非無疑慮。

4. 因我國法制對未成年人之入出境未設有需經法定代理人同意之限制，與美國、新加坡等國不同。惟法院如以暫時處分之裁定，限制未成年人出境需經特定人之同意或陪同，以公文通知內政部移民署註記於其管制資料檔後，其境管人員於該未成年人出境時，即得查驗是否具備該特定人之同意或陪同，若無，即得依法院之暫時處分裁定限制該未成年人出境，此業據內政部移民署以 104 年 11 月 5 日移署出管吟字第 1040132549 號函表明確可執行無訛。

官司進行期間要遷戶籍怎麼辦？

　　臺北名媛小芳大學時到偏鄉志工服務時認識了當地人阿昌，兩人一見鍾情，小芳不顧父母反對，為情決定離開繁華的都市，嫁到阿昌的家鄉，沒想到在孩子出生後，貧賤夫妻百事哀，小芳和阿昌的感情因為種種現實的壓力而出現裂痕，小芳決定帶著孩子先回娘家，並向法院訴請離婚並爭取孩子的親權，在訴訟過程中，小芳決定讓小孩進入一間在臺北頗負盛名的小學就讀，所以希望可以先將孩子的戶籍遷到臺北，小芳可以怎麼做呢？

律師貼心話：

　　在法院尚未酌定父母之一方單獨行使親權以前，若欲替未成年子女遷戶籍，應由未成年子女的法定代理人，即父母雙方同意下才能完成。

　　法院審理此類非訟事件的過程十分冗長，倘在審理中碰到未成年子女已屆就學年齡，因而有急迫的入學需求，父母之一方得向法院聲請暫時處分，要求對方配合一方遷戶籍，但若是對方去向不明或因其他因素顯無配合的可能，亦得向法院聲請由一方單獨、不需經過對方同意，就可以為子女辦理遷戶籍的程序。

　　觀察法院實務，裁定此種暫時處分往往會優先考量聲請人是否為主要照顧者，在不變動小孩生活環境的前提下，法院多半會裁定將未成年子女戶籍遷至目前的主要照顧者之住、居所地。

臺灣嘉義地方法院 103 年家暫字第 13 號民事裁定

主文：

於本院 103 年度家親聲字第 68 號酌定監護人事件撤回、和（調）解成立或裁判確定前，**聲請人得單獨**為未成年子女甲○○辦理戶籍遷移至聲請人住居所。

理由：

……經查，……未成年子女權利義務之行使或負擔，因兩造均未能協議由何人任之，聲請人乃向本院聲請酌定未成年子女監護人，而**未成年子女目前已滿 6 歲，屆齡就讀國民小學，且目前國民小學均已開學，未成年子女就學問題有必要先予適當解決**，本院審酌未成年子女依兩造約定，**長期與聲請人同住**，由聲請人照顧其生活起居及幼稚園就讀事宜，相對人並未處理上開相關事宜，**苟未成年子女目前戶籍問題無法由兩造協商解決，則未成年子女勢必要至戶籍所在地就學**，然相對人先前均僅定期探視子女，並未長期照顧未成年子女，**未成年子女如依戶籍住址就讀轄區小學，必須由相對人負責接送上下學並照顧未成年子女，但相對人實際居住地點與戶籍地址不同**，相對人是否得以每日往返新竹縣市接送未成年子女上下學已有疑義，再者，未成年子女與其胞弟先前均由聲請人照顧，共同生活，如遽然拆散手足二人，並交由較不熟悉其日常生活起居事務之相對人安排其就學及日常生活事務，對未成年子女就學環境、生活調適而言均相當困難，更何況未成

年子女初入小學，面對陌生環境，熟悉並信任之親屬之鼓勵與安撫對於未成年子女心情安定更為重要，本院 103 年度家親聲字第 68 號酌定監護人事件仍將一段時日之調查程序始能裁定，**若待本院 103 年度家親聲字第 68 號酌定監護人事件裁定確定，已逾未成年子女辦理國小入學之期限甚久，如因而讓未成年子女必須在無心理調適及準備時間下，驟然轉換環境，至新竹市就學造成學習或心理障礙，恐有害於未成年子女之利益，為使未成年子女仍暫依原生活習慣，順利就近就讀聲請人居住處所附近小學，確實有遷移戶籍地址之必要性與急迫性，爰准由聲請人單獨辦理未成年子女戶籍遷移至聲請人住居所**，裁定如主文所示。

臺灣嘉義地方法院 103 年家暫字第 5 號民事裁定

主文：

於本院 103 年度家親聲字第 46 號酌定監護人事件撤回、和（調）解成立或裁判確定前，**聲請人得為未成年人劉○裕辦理戶籍遷移至聲請人住所。**

理由：

經查，聲請人前揭主張，業據本院依職權調取本院 103 年度家親聲字第 46 號卷宗查明屬實，堪認就其主張已為相當之釋明。從而，本院審

酌未成年人現與聲請人同住，由聲請人擔任主要照顧者，並將於今年夏天自目前就讀之幼稚園畢業，**若待本院 103 年度家親聲字第 46 號案件裁定確定，恐已逾未成年人辦理國小入學之期限，有害於未成年人之利益，為順利辦理未成年人於現住所地學區之國小入學相關事宜，聲請人實有遷移未成年人戶籍之必要**，爰准依聲請人之聲請，裁定如主文所示。

臺灣彰化地方法院 104 年家暫字第 15 號民事裁定

主文：

相對人應同意並協力完成將與聲請人所生未成年子女張鈞〇、張宥〇之戶籍遷移至聲請人居所以利未成年子女就學。

程序費用由相對人負擔。

理由：

按法院受理本法（指家事事件法）第一百零四條第一項第一款之親子非訟事件後，於本案裁定確定前，得為命關係人協助完成未成年子女就學所必需之行為，家事非訟事件暫時處分類型及方法辦法第 7 條第 1 項第 3 款定有明文。經查，聲請人主張如上，為本院依職權審理所知，即屬家事事件法第 104 條第 1 項第 1 款之親子非訟事件，考量前述未

成年子女現與聲請人生活尚稱規律、安定，有相關單位之訪視報告附於 103 年度家親聲字第 171 號事件案卷可稽，**雖未成年子女現時戶籍與相對人相同，但於本院尚未裁定確定該 2 名未成年子女之親權行使者前，為利前述 2 名未成年子女就學之利益**，爰揆諸段首法規，認聲請人本件暫時處分之請求為有理由，而裁定如主文所示。

法院如何判斷適合的親權行使者？

　　李小姐對外遇不斷的丈夫已經沒有任何眷戀，因此想向法院訴請裁判離婚，但李小姐不確定法院會將孩子判給誰，她不願意冒失去小孩的風險，所以先到律師事務所諮詢法院到底會如何判斷哪一方是適合的親權行使者……

律師貼心話：

　　父母處於紛爭之中，希望拉攏子女乃人之常情，但不管是在本案請求或暫時處分請求中，法院經常用以下觀點判斷由何人照顧子女較為適合。

　　一、最小變動原則（或稱「繼續性原則」）：

　　盡量不要變動子女的生活現狀。

　　二、幼兒從母原則：

　　研究上認為，屬襁褓階段的幼兒，在成長過程中，人格發展與身心健全方面上，對於母親的需求，應較父親迫切。在雙親家庭中成長的孩童，母親的角色有其獨特的女性人格特質，最能了解小孩生活上的需要，也較能照顧小孩的生活起居。另外，對於親子關係，母親亦往往較父親更能促進親子間的互動溝通，而父親若要取代母親的功能角色，即便花極大工夫與時間，亦恐不能扮演好母親的角色。因在本質上，父親與母親在家庭中係處於完全不同的角色扮演功能，此即所謂「幼年原則」。故實務上，法院可能會因為幼年原則，將幼兒交由母親照顧。

　　實務上對於子女親權的歸屬判斷結果可以參考附錄一（本書第 195 頁）的分析。

　　三、本身之照顧能力：

　　法院會看聲請人本人的身心狀況、經濟收入、家庭環境、具體的照顧扶養計畫、是否有哺乳需求等，來決定未成年子女是否有與聲請人照顧同住之

利益。

四、主要照顧者原則：

由過去到現在，主要與子女相處、繼續行使親權之人照顧，較為有利於子女。

五、尊重子女性向與意願

六、手足不分離：

兄弟姊妹能在手足不分離的環境下，共同生活、成長，對未成年子女較為有利。

七、支持系統：

當父母雙方都無法妥適照顧子女時，就會去比較父母各自的親族（如各自的父母、手足）是否有能力協助育幼。

八、其他客觀條件：

1. 子女的年齡、性別、人數及健康情形；2. 父母保護、教養子女的意願及態度；3. 父母子女間或未成年子女與其他共同生活之人間的感情狀況等；4. 擬定的教養計畫。

在暫時處分階段中，法院通常不會去酌定未成年子女的親權人由何方擔任，因為法院認為此時進行判斷，會有「搶先實現本案請求」的情形，只有在父母一方早已離家，而未成年子女又即將上學，需要辦理就學事宜，或有其他嚴重危害未成年子女身心之狀況時才會判斷。除上述情形外，法院至多只會在維護未成年子女之最佳利益的考量下，審酌由何方擔任主要照顧之人相對較適合，並進一步酌定兩造間與其未成年子女的會面交往計畫。

此外，若欲證明對方身心狀況不適宜照顧子女，可以考慮向法院聲請函詢衛生福利部中央健康保險署，請該單位提供對方的相關就醫紀錄，但因此可能涉及對方隱私，法院會經過審慎評估，若權衡之後確實有調查的必要性才會准許。另需注意的是，若只是「零星」的就診紀錄，說服力仍然有限。

臺灣臺北地方法院民事裁定 106 年度家暫字第 97 號

主文：

聲請駁回。

於本院一百零六年度家調字第八四三號離婚等事件確定或終結前，對於兩造所生未成年子女乙〇〇（女，民國八十七年十月二日生，身分證統一編號：Z000000000 號）權利義務之行使或負擔，暫由聲請人單獨任之。

理由：

一、法院就已受理之家事非訟事件，於本案裁定確定前，認有必要時，得依聲請或依職權命為適當之暫時處分，家事事件法第 85 條第 1 項定有明文。

二、本件聲請人丙〇〇對相對人甲〇〇訴請離婚等事件，現由本院 106 年度家調字第 843 號審理中，丙〇〇主張甲〇〇失蹤，無法為兩造所生未成年子女乙〇〇辦理學貸，爰聲請本件暫時處分等情，業據提出丙〇〇、乙〇〇之戶籍謄本為證，復有兒童人權協會訪視報告附卷可稽（乙〇〇於訪視時陳明同意由丙〇〇單獨監護以便處理事情），並經本院調取 106 年度家調字第 843 號全卷核閱無訛，堪信丙〇〇之主張應屬信實，可認為本件有必要核發如主文所示之暫時處分。

會面交往

找警察陪同會面交往可以嗎？

王小姐和前夫離婚後，由前夫擔任小孩的親權人，但前夫酒後打小孩出氣的習慣一直沒改，約好和王小姐的會面交往也經常爽約，王小姐一氣之下，向法院聲請改定親權之訴訟，在上法院的過程中，王小姐考慮到雙方的關係緊張，她和小孩見面時怕前夫的情緒又會失控，所以她想請法院作成暫時處分，讓她可以在警察局和小孩會面交往，避免雙方見面時發生她無法控制的衝突，這樣可以嗎？

律師貼心話：

雖然關係緊張的當事人，會希望找一個公開的地方，安全地與孩子會面交往，但法院考量到，在有不特定多數人出入的警察局裡，容易令孩童感到不安、緊張，顯然不是個溫馨、適合雙方交流感情的好地點；且警員有勤務在身，難以全神關注於會面交往的進行，故建議還是尋求專業機構的協助。

但必須注意的是，有些專業機構在使用上有其限制，例如費用、服務時段限制等等：

一、費用：

若是專業機構採使用者付費機制，該費用應由何人負擔，亦應事先約定好，避免日後又為了費用負擔再起爭執。

二、時段：

專業機構通常都有服務時間的限制，是否能夠配合父母週休期間行會面交往、每次會面時間多長，都是父母雙方在約定到該機構會面交往前必須先了解清楚的。

臺灣高雄少年及家事法院 105 年家暫字第 116 號裁定

主文：

聲請人與相對人於本院一百零五年度家親聲字第二三一號改定未成年子女權利義務行使負擔等事件調解或和解成立、撤回、裁判確定或因其他事由終結前，得依附表所示之時間及方式，與兩造之未成年子女林家○會面交往，兩造並應遵守附表所示之規則。

理由：

……經查：（一）兩造前有婚姻關係，並育有未成年子女林家○，嗣兩造經法院判決離婚且酌定由相對人單獨擔任子女之親權人，復由本院以前案裁定酌定聲請人與子女之會面交往時間及方式；又聲請人向

本院請求改定親權人事件，現由本院以本案事件審理中等情，業據本院調取上開卷宗核閱無誤，自堪信為真實。（二）聲請人主張現有暫定會面交往內容之必要性乙節，為相對人所否認。經查，前案裁定關於子女接送地點部分雖定於子女林家〇就讀之安親班及相對人住所，且聲請人得於每日撥打電話至學校與子女聯繫，然相對人前已搬離原住處導致子女無法於先前安親班就讀，復生有子女轉學之情，此部分均經相對人自陳在案，可見前案裁定所依據之客觀情狀已有變動，聲請人現無法依前案裁定進行會面交往，誠屬明確。復參以兩造間本案事件尚在爭訟中，應予目前未實際照顧未成年子女之一方即聲請人，得與子女保持聯繫相處，以滿足子女對於父母關愛之同等需求，避免子女由相對人保護教養，而對聲請人感到更為陌生、排斥，另衡酌兩造就聲請人與子女會面交往之方式尚有爭執，堪認雙方均無法就此節形成共識。準此，本院衡酌上開各情，為兼顧子女人格正常發展及聲請人之利益，本件自有為暫時處分之必要。（三）又相對人雖辯稱以**警局作為交付子女地點尚屬適宜等語，然經本院委請本院家事調查官進行調查後，提出調查報告略以：「……依據兩造目前互動狀況，可知相對人極力避免與聲請人有所接觸，也因為相信目前交付地點（派出所）的安全性，故讓未成年子女自行進入派出所及等待兩造接送。但因交付地點仍屬公共空間，出入人員無法掌控，加以員警有自身工作，無法全神貫注於未成年子女身上，警察局對於一般兒童而言，並非完全友善親和之單位，獨留未成年子女於警局內，並非適當作法」、「……交付上可建議由兩造自費進行監督會面交往服務，亦或是透過**

心理諮商所進行交付的協助，……；若無法自費進行，亦可改於高雄市政府社會局兒童福利服務中心內進行會面或交付。」等語（見本案事件卷一第 190 頁），**足認本件不宜於警局為子女交付**，是相對人前述所辯，即無可採。本院審酌上開家事調查官之調查報告、卷內各項事證及兩造陳述會面探視意見等情，爰酌定聲請人與兩造所生未成年子女林家○會面交往之時間、方式及應遵守事項暫以如附表所示為當。至相對人另辯以聲請人經常攜帶子女至出入複雜之處所，此舉將對子女產生不良影響，是應限制或禁止其會面交往等語，然此部分主張縱令屬實，亦屬兩造就本案事件有關聲請人會面交往內容是否允當所提出之相關攻擊防禦方法，尚無必要於本件暫時處分聲請為審酌論斷，故相對人上揭辯解亦無理由，附此敘明。（四）此外，兩造既為林家○之父母，為林家○身心得以健全發展，雙方本應鼓勵林家○與對造發展良好親子關係，亦不得灌輸反抗或仇視對造之觀念；如有變更學校、重病、住院或聯絡方式等重要事件，應迅速通知對造，不得拖延隱瞞，務必為愛護子女而放下對他造之怨恨，亦僅在兩造願擔任合作父母，對子女始有最佳利益。是以，倘兩造日後發生無故不遵守本裁定之情事且經查證屬實者，將成為本院就本案事件判斷之重要依據，特此指明。

調查報告略以：「……依據兩造目前互動狀況，可知相對人極力避免與聲請人有所接觸，也因為相信目前交付地點（派出所）的安全性，故讓未成年子女自行進入派出所及等待兩造接送。但**因交付地點仍屬公共空間，出入人員無法掌控，加以員警有自身工作，無法全神貫注**

於未成年子女身上，警察局對於一般兒童而言，並非完全友善親和之單位，獨留未成年子女於警局內，並非適當作法」、「……交付上可建議由兩造自費進行監督會面交往服務，亦或是透過心理諮商所進行交付的協助，……；若無法自費進行，亦可改於高雄市政府社會局兒童福利服務中心內進行會面或交付。」等語，足認本件不宜於警局為子女交付。

有親友遠道而來，可以調整原本的會面交往計畫嗎？

荷蘭美女瑪莉和阿強在臺灣結婚後，生了一個可愛的混血寶寶，可惜瑪莉和阿強因為價值觀差異太大，終究走上離婚一途，寶寶交由熟悉臺灣環境的阿強擔任主要照顧者，瑪莉每個週末可以和寶寶會面交往。瑪莉住在荷蘭的媽媽很擔心女兒隻身一人在異鄉的生活，想在下個月到臺灣探視瑪莉和寶寶，瑪莉希望母親來訪期間，寶寶可以先和她住在一起，讓遠道而來的外婆與孫女得以共享天倫之樂。瑪莉可不可以因為遠方親友來訪，聲請法院以暫時處分的方式，暫時改定會面交往計畫，讓原本和阿強同住的孩子來跟瑪莉住幾天？

律師貼心話：

當「非任主要照顧者」在暫時處分核發後，遇有特殊情狀，如以下案例中，聲請人遠在荷蘭的母親、未成年子女的祖母來臺探親，為了讓未成年子女能夠享受難得的天倫之樂，在符合暫時處分作成的要件下，可以試著向法院聲請另一個暫時處分，調整前一個暫時處分中會面交往內容。

而為了兼顧未成年子女受父母雙方照顧之需求，縱使暫由一方任照顧者，他方原則上還是有會面交往的權利，故本案例中還是在因祖母遠道而來、會面交往有所調整時，安排原主要照顧者仍得以和未成年子女會面交往。

臺灣台北地方法院 105 年家暫字第 94 號民事裁定

主文：

聲請人得自民國 105 年 9 月 14 日下午 5 時至同年 10 月 25 日上午 8 時 30 分與未成年子女同住過夜，並擔任主要照顧者。聲請人應於 105 年 10 月 25 日上午 8 時 30 分送未成年子女就學。

相對人得於民國 105 年 9 月 15 日、同年月 20 日、同年月 22 日、同年月 27 日、同年月 29 日、同年 10 月 4 日、同年月 6 日、同年月 11 日、同年月 13 日、同年月 18 日、同年月 20 日下午 5 時至 8 時與未成年子女會面交往。

相對人得於民國 105 年 9 月 23 日下午 5 時至同年月 25 日下午 8 時、同年 10 月 7 日下午 5 時至同年月 10 日下午 8 時、同年 10 月 21 日下午 5 時至同年月 23 日下午 8 時與未成年子女同住過夜。

理由：

本件聲請人主張其母，即未成年子女○○之祖母 WilmaKnop 將於民國 105 年 9 月 14 日來臺，並於同年 10 月 24 日搭機離臺等情，業據其提出電子機票影本為證。本院斟酌，未成年子女○○之祖母遠居荷蘭，囿於空間限制，難有共處之機會，而此次來臺探親，與定居臺灣之未成年子女○○相聚，有利於親情之維繫，為滿足祖孫、親子孺慕之情，認聲請人請求暫時變更探視協議，於聲請人母親上述來臺期間（編按：間）改定主要照顧者，由聲請人與未成年子女○○同住過夜，適足符

合人倫之情，應予准許；惟會面交往及主要照顧者之暫時改定以不影響未成年子女之教育學習為原則，聲請人母親來台期間（編按：間）長達月餘，不因接機與否影響祖孫情誼，聲請人聲請於 105 年 9 月 14 日提前至 12 時即離校接機之請求，有違子女利益，尚難照准，是爰指定同住期間及接送方式如主文第一、二項所示。又考慮未成年子女○○甫滿 3 歲，與相對人之情感聯繫密切，為免傷害○○之信任感與安全依附，爰併諭知未成年子女○○與聲請人同住之上開期間（編按：間），相對人得依如主文第三項所示方式與未成年子女○○會面交往，而認有核發暫時處分之必要。

有沒有讓人安心的會面交往處所？

林小姐的前夫阿忠有家暴紀錄，兩人離婚以後，雖然小孩的親權是由林小姐行使，但是阿忠仍有權利和小孩會面交往，但林小姐對於前夫阿忠的印象很差，兩人的關係很緊張，林小姐擔心若單獨將幼兒留給阿忠，阿忠會不會就順勢將孩子帶走，或是對孩子施暴？林小姐身邊也有很多有相同困擾的單親媽媽，不知道社會上有沒有哪些地方可以提供讓人安心的會面交往處所？

律師貼心話：

依據家庭暴力防治法第 46 條第 1 項規定，各直轄市及及縣（市）政府應設未成年子女會面交往與交付處所或委託辦理，使發生暴力衝突的家庭，在這樣一個中立、專業的機構協助下，其未成年子女得以安心地與未同住之親屬行會面交往，減輕雙方的不安與疑慮，確保未成年子女身心的正常發展，甚至是使失能的家庭有一彼此接觸的緩衝地帶，藉由不間斷的安全交流，平緩衝突，進而修補關係，故可以聲請法院裁定雙方於各地區設置的相關機構進行探視，讓雙方得以安心地會面交往：

1. 臺北市：兒童福利聯盟

   地址：台北市大同區 10351 長安西路 43 號 6 樓

   電話：（02）25505959

   父母離婚或分居，雙方因故無法自行探視未成年子女，且雙方均同意到此處會面交往者，就例外不需要經過法院裁定。

2. 新北市：放心園

   地址：新北市蘆洲區集賢路 245 號 6 樓

電話：（02）82832979

當未成年子女設籍於新北市或實際居住於新北市，其父母已分居、離婚或協議中，若父母雙方均同意約定到此處探視子女，就例外不需要經過法院裁定。

3. 臺中市：財團法人迎曦教育基金會

　　地址：臺中市西區忠明南路 203 號

　　電話：（04）23028528

4. 高雄市：兒童福利聯盟臺灣高雄少年及家事法院家事大樓三樓駐點

　　地址：高雄市楠梓區常順街 89 號

　　電話：（07）3573511

5. 雲林縣：財團法人雲萱基金會

　　地址：雲林縣斗六市大同路 183 號 3 樓（總部）

　　　　　虎尾鎮公安路 219 號（虎尾據點）

　　電話：（05）5351950

6. 台南市：台南市政府家庭暴力暨性侵害防治中心

　　地址：台南市安平區永華路二段 6 號 6 樓

　　電話：（06）2988995

7. 屏東縣：屏東縣政府社會處屏東區家庭福利服務中心

　　地址：屏東縣潮州鎮光春路 292 號

　　電話：（08）7891694

臺灣新北地方法院 103 年家聲抗字第 42 號民事裁定

主文：

抗告人於本院 103 年度婚字第 106 號離婚等事件撤回、和（調）解成立或裁判確定前，得依如附表所示之會面交往方式、期間及地點，探視未成年子女。

理由：

……兩造現處於分居狀態，並有離婚與酌定未成年子女權利義務之行使負擔等事件訴訟中，未成年子女目前與相對人同住，抗告人難以與兩造子女互動，未成年子女○○○現與抗告人之親子關係緊張，如任令繼續疏離，長期而言，將不利於親子關係之發展，對單親子女人格之成長，亦有不利影響，為兼顧子女對父愛之需求，並減少兩造分居期間對子女之負面影響與誤解，實有酌定抗告人與未成年子女會面交往之必要。本院審酌○○○與抗告人之親子關係不佳，初期需於監督下會面交往較為適當。……

探視計畫：

(1) 抗告人自即日起，於每月第 2 週、第 4 週之週日上午 10 時起至 12 時止，得前往新北市未成年子女會面交往中心「**放心園**」與未成年子女會面交往。相對人於前開時間應親自或委託親人將兩造子女送至前開放心園讓抗告人探視，並於探視完畢後接回。

(2) **抗告人應負責檢具相關文件向放心園提出申請。**

(3) **雙方應遵守放心園之規定。**因放心園設備空間不足，有關兩造會面交往之時段，放心園得視情形調整之。

第五部

保護令篇

聲請情形與舉證

什麼情況才可以聲請保護令？

趙太太是位很傳統的女性，婚後相夫教子，和丈夫結縭二十餘年，胼手胝足建立家園、拉拔子女，從無怨言。但任軍職的趙先生，習慣將軍旅生活的秩序帶回家，家中所有人都必須「上命下從」，若有違反必定遭一頓打罵，尤其是趙太太，因為不捨子女，總是搶著代替子女受罰、挨罵，趙家子女不捨母親，諮詢律師什麼情況下才能為媽媽聲請保護令呢？

律師貼心話：

「肢體暴力」如身體上的捏、擠壓、推、搖、抓傷、咬、打、拘禁、丟東西、內傷、拒絕受害人接受醫療照護、損傷外型等，因為較容易舉證，為申請保護令的大宗。

但除了肢體暴力外，動口不動手的「精神暴力」也是家暴的一種。以下舉出實務上可能判定為「精神暴力」的情形。若相關情形愈多，自然也就愈容易經過綜合評估後被認為是需要發給保護令的精神暴力行為。

□ 突然關掉使用中的熱水器和浴室電燈（臺北地方法院 95 年家護字第 35 號裁定）

□ 在炎熱的夏天禁止使用冷氣，導致因為室溫過高引起過敏反應（臺北地方法院 95 年家護字第 35 號裁定）

□ 冬天禁止用熱水洗碗（臺北地方法院 95 年家護字第 35 號裁定）

□ 連續以簡訊傳送威脅訊息（臺北地方法院 95 年家護字第 127 號裁定）

□ 言語威脅（臺北地方法院 95 年家護字第 163 號、50 號裁定）

□ 嚴重口角（臺北地方法院 95 年家護字第 70 號裁定）

□ 言詞羞辱（臺北地方法院 95 年家護字第 109 號裁定）

臺北地方法院 95 年家護字第 109 號裁定（摘要）

理由：

……相對人竟追出欲出手毆打聲請人，令聲請人心生恐懼，對於聲請人實施精神上之不法侵害行為，已發生家庭暴力事件；再者，如前於九十五年農曆年前，亦因兩造發生爭執，相對人無視夫妻情誼，非但不知尊重、疼惜聲請人，亦**毫不留情對聲請人言詞羞辱，並欲出手毆打聲請人，聲請人心生恐懼，深怕相對人會施以拳打腳踢之肢體暴力，而暫避居娘家，且相對人先前已先後多次對聲請人施以家庭暴力，長久如此聲請人實已心力交瘁，聲請人長期生活於不安恐懼之中，可認聲請人有繼續遭受相對人實施不法侵害行為之虞**……

臺北地方法院 95 年家護字第 70 號裁定（摘要）

理由：

……本件相對人動輒以**言語暴力**處理雙方之婚姻或家庭問題，令家庭生活不得安寧，亦令聲請人精神上不堪忍受等情，顯已符上述所謂之精神上不法侵害行為。……

保護令聲請如何舉證？

高太太的丈夫酒過三巡後經常在家中對高太太施暴，但高太太不希望家醜外揚，所以不敢去醫院驗傷，也沒有告訴過親友。但這次高太太真的忍無可忍，決定聲請保護令，卻不知道如何舉證才能取信法官？

律師貼心話：

家暴事件的證明重點有二：

一、有家庭暴力的「事實」：

這個事實必須是一個「繼續性」的狀態，加害人是「長期以來」、「連續」地施用暴力。

二、有核發保護令的「必要」：

必須有「現時或急迫危險的存在」，換言之，已經達到「如果現在不核發保護令就無法立即防止暴力侵害」的程度。

家事事件中，本來就因為這類型紛爭的「私密」特性、當事人之間的情感糾葛等等，讓當事人在證據蒐集上相對困難。以下整理幾個實務上常見的舉證方式以及小提醒，可以作為家暴事件蒐證時的參考：

一、驗傷單

驗傷單是很常見的舉證方式，但其中有一些需要避免或較為不利的地方：

☒ 只有一到兩張驗傷單

可能會被法院認為是「偶發」事件，不符合保護令核准必須達到「繼續」性的要件。

☒ 相對人也提出驗傷單

可能會被認為是「互毆」，或者若被認定為先挑釁對方而導致的暴力事件，保護令聲請可能就不會被核准。

☒ 驗傷單中的受傷時間、地點不明

☒ 事發後好幾天才去驗傷

二、證人

若僅有驗傷單，有時法院會認為「驗傷單僅能證明聲請人受有傷害，至於該傷勢是否係相對人所造成」無法證明，故若能舉出證人到庭證述，可以使事實更清楚。但一樣有以下要注意的地方：

☒ 親人作證證明力較低

親人作證不是不可以，但法官恐怕會因為親屬關係減低證言的可信度。

☒ 只是「聽說」不如「眼見為憑」

若證人只是從旁聽說，未親眼見到家暴發生，可信度也會打折扣。

若法院有開庭審理，當事人最好「親自到庭」，可以加強法官對暴力事實的認知，法官的心證足夠了，比較有可能核准保護令的核發。但如果擔心和對方見了面會起衝突，可以向法院要求隔離，或請律師陪同協助。

臺北地方法院 95 年度家護字第 506 號裁定（摘要）

理由：

聲請人固提出驗傷診斷書以證明其於九十五年九月一日遭相對人林富〇毆打成傷，惟相對人林富〇堅決否認有何傷害聲請人之行為，而**聲請人係於同年月七日始至醫院檢驗傷勢，距聲請人所指傷害日期同年月一日已間隔六日之久，則該驗傷診斷書所載傷害果否為相對人林富〇所致，即有疑義。**此外，聲請人復未提出其他積極證據以實其說，此部分主張要無足取……聲請人所指九十四年十一月六日家庭暴力行為部分：**聲請人所提出之驗傷診斷書僅能證明聲請人於檢驗日期九十四年十一月六日受有左額輕微腫傷之傷害，尚不足以證明上開傷害係出自相對人所為。**

臺北地方法院 95 年度家護字第 361 號裁定（摘要）

理由：

……聲請人所提九十五年一月十八日財團法人慈濟綜合醫院台北分院診斷證明書，其上記載：「病名：臉、頭皮及頸之挫傷，眼除外。病患因頭頸部多處挫傷及血腫九十五年一月二十八日 14：18 入急診室就醫，於九十五年一月二十八日 16：20 辦理出院，建議門診繼續追蹤（以

下空白）。」等語，足證聲請人確實受傷；依兩造上開陳述，兩造發生衝突後，聲請人堅持由警陪同，以救護車直接送到醫院驗傷，觀此過程及聲請人頭、頸部多處受傷，聲請人實不可能在就醫過程中受傷，易言之，聲請人之傷害應是在兩造衝突中造成。**惟聲請人受傷縱然是相對人所致，因僅只一次，究其發生原因是聲請人在明知兩造相處不睦情形下，藉故前往相對人住處所致，並非相對人故意造成，本件事件應屬單一偶發事件，顯不具備家庭暴力之連續性特徵，亦難認為依兩造過往相處情節，相對人確有繼續對於聲請人實施「家庭暴力」之可能。……相對人是否該當於「家庭暴力」之範疇非但無法確切舉證證明，且其亦未就聲請人有「繼續」遭受相對人實施不法侵害或騷擾等行為之危險指證清楚。……**

臺北地方法院 95 年度家護字第 195 號裁定（摘要）

理由：

……查兩造於九十五年五月十一日下午四時許，在本院新店辦公大樓法庭走廊等候開庭時，因聲請人搶走相對人所持有之證據，相對人即勒住聲請人的頸部，此為兩造所不爭（見同年月十八日非訟事件筆錄第三至四頁）。是以相對人之所以對聲請人有暴力舉動，起因於聲請人擅自奪取相對人之證據資料，顯可歸責於聲請人之事由。縱令聲請

人認為相對人之請求不實，惟兩造之糾紛業已進入訴訟程序，即應靜待法院之裁判，聲請人不宜以此方式表達其不滿情緒。揆諸前揭說明，**此次暴力事件之發生既因可歸責於被害人之事由，致相對人出於過當之反應而勒住聲請人之頸部，此一時性之身體上不法侵害行為，自難認係家庭暴力防治法所欲規範之家庭暴力行為。**……

效用與違反罰則

保護令真的有效嗎？對方不遵守怎麼辦？

周先生是家暴慣犯，經過周太太一番努力，法院終於發給要求周先生遷居他處的保護令，但周先生以夫妻二人同住處所的貸款是他在負擔為由，拒絕搬遷，難道這時周太太聲請到的保護令就沒有用了嗎？

律師貼心話：

一、保護令的內容必須遵守，故意違反保護令將構成刑事犯罪！

家庭暴力防治法的制定目的是為了防治家庭暴力行為，法院可能透過核發要求加害人遵守各項保護被害人及其家庭成員的保護令，保護被害人的人身安全以及居住的安寧與尊嚴，如果加害人故意違反保護令的要求，可能構成刑事犯罪，可處以徒刑和罰金。

二、只要有違反保護令的「行為」就可以構成犯罪。

凡是有違反保護令內容的「行為」，無論違反的動機是什麼、違反後是

否繼續發生暴力事件，都可能構成「違反保護令罪」，因為本罪是法律上的「行為犯」。

三、以下是加害人常用來拒絕依照保護令要求搬離原住居處的藉口，如果真的碰上這種狀況，可以拿出保護令要求加害人搬走，再不搬走就直接報警處理！

☒ 房子的貸款是加害人在繳（？）

☒ 加害人的公司登記在這個住址（？）

☒ 加害人工作需要的設備都放在這間房子裡（？）

☒ 加害人的親人還住在這裡（？）

☒ 被害人現在沒有實際住在這間房子裡，就算加害人沒搬走兩個人也不會遇到（？）

臺灣新北地方法院 102 年度易字第 3015 號刑事判決（摘要）

主文：

甲〇〇犯違反保護令罪，處有期徒刑參月，如易科罰金，以新臺幣壹仟元折算壹日；又犯違反保護令罪，處有期徒刑貳月，如易科罰金，以新臺幣壹仟元折算壹日；又犯違反保護令罪，處拘役參拾日，如易科罰金，以新臺幣壹仟元折算壹日。上開有期徒刑部分，應執行有期徒刑肆月，如易科罰金，以新臺幣壹仟元折算壹日。

理由：

……本案被告既確實知悉上開保護令之內容，仍違反各該保護令，並未遷出及遠離本件住居所，致無法落實保護令確保告訴人之居住安寧，及使告訴人得隨時返回本件住居處，而免於恐懼遭同處一室之被告實施家庭暴力之目的，自無法解免其應負違反保護令之罪責，此**不因本件住居所之貸款係由何人支付，或告訴人有無居住在本件住居所、被告公司之設備及資料是否存放在該處而有異**。又縱使被告於收受上開保護令後，對該等保護令有任何效力上之質疑，亦應以合法之方式，於法定期限內向上級法院尋求救濟，以維護自身權益，非可任由被告徒憑己意選擇是否遵守保護令之規定，其理至明。……

被告雖聲請傳喚證人即其母葉○○，以證明告訴人於前揭保護令之有效期間內，並未居住在本件住居所，及傳喚證人黃○○，以證明告訴人帶走其公司之大小章及支票票根與盜開支票之事實，然**違反保護令罪係行為犯，行為人如明知保護令禁止或限制之內容，而故予違反，不論其主觀之動機為何，即該當本罪**……

倘若違反保護令，事後道歉能否免於罪責？

陳先生婚後長期遭到太太打罵，實在忍受不了而去向法院聲請了通常保護令，以保護自己不再受到太太攻擊，但太太不顧保護令，仍故態復萌，一再打罵陳先生，陳先生忍無可忍，故向檢察官提出傷害及違反保護令罪的告訴。之後念在夫妻一場，陳先生也不願見太太因此而負有前科，故原諒了太太，也簽下了和解筆錄。只是為什麼法院還是判決太太成罪呢？

律師貼心話：

如果一再受到夫妻、父母子女等家庭成員對身體或精神上的侵害，可以依家庭暴力防治法向法院聲請通常或暫時保護令來保護自己。若保護令核發後，對方仍故態復萌，違反保護令上禁止內容的話，你可以提出相片、錄影或錄音畫面及驗傷單等證據，依情況向檢察官提出傷害、妨害名譽、侵入住居等罪的告訴，除此之外，亦可提出違反保護令罪的告訴。

但因為違反保護令罪是非告訴乃論之罪，所以即使事後原諒對方，達成和解，也不能撤回告訴使刑事程序終結，而只能成為法院在量刑上的考量依據之一喔！

臺灣高等法院高雄分院 100 年度上易字第 1285 號刑事判決摘要：

主文：

（一審）陳盧○○犯違反保護令罪，處拘役參拾日，如易科罰金，以新臺幣壹仟元折算壹日。

（二審）上訴駁回。

理由：

……三、按家庭暴力防治法所稱「家庭暴力」，係指家庭成員間實施身體或精神上不法侵害之行為，家庭暴力防治法第 2 條第 1 款定有明文。至告訴人陳○○於 100 年 10 月 11 日調解庭時表示願當場撤回傷害部分之刑事告訴，雖有當日調解筆錄 1 份附卷足稽（見原審簡字卷第 12 頁），**然其當日所書立之刑事陳述狀卻未表明撤回傷害部分告訴之意旨（見同上卷第 14 頁），且於本院審理時再次詢問告訴人是否有表示要撤回本件案件，告訴人亦僅答稱和解完就算了一語（見本院卷第 21 頁），亦未明白表示係欲撤回該傷害部分。是尚難認其已為合法撤回告訴之意思表示，本院對被告傷害罪責自仍應併予審究**，附此敘明。經查，被告與告訴人陳○○為配偶之關係，有其個人基本戶籍資料查詢單在卷可稽，已如前述，其於知悉瞭解原審核發之 100 年度司暫家護字 322 號民事暫時保護令後，明知不得對告訴人實施家庭暴力行為，竟仍徒手抓告訴人致其受有如上所載之傷害。是核被告所為，

係違反原審依家庭暴力防治法第 14 條第 1 項所為禁止實施家庭暴力之裁定，而犯家庭暴力防治法第 61 條第 1 款之違反保護令罪及刑法第 277 條第 1 項普通傷害罪。被告以一行為觸犯上開二罪名，為想像競合犯，應從一重之違反保護令罪處斷。

四、原審認被告罪證明確，因而適用家庭暴力防治法第 61 條第 1 款，刑法第 11 條前段、第 277 條第 1 項（原判決據上論罪法條漏未記載，應予補正）、第 55 條、第 41 條第 1 項前段等規定，並審酌被告與告訴人為夫妻關係，本應相互尊重扶持，維繫家庭和諧與美滿，其竟不思理性溝通解決問題，明知原審已於 100 年 6 月 24 日裁定核發民事暫時保護令，且仍在有效期間，猶無視上開保護令之內容，而對告訴人實施如上所載之家庭暴力行為，其犯罪之動機、目的、手段均殊非可取，惟念其犯後坦承犯行，**態度尚可，且業與告訴人達成和解，告訴人於 100 年 10 月 11 日具狀表示請求從輕量刑、予以被告自新機會等情，有 100 年 10 月 11 日調解筆錄、被告切結書、告訴人刑事陳述狀各 1 紙在卷可佐**（分別見原審簡字卷第 12-14 頁），兼衡其於警詢時自稱智識程度為國小畢業、家境勉持等一切情狀，量處拘役 30 日，及諭知如易科罰金以新台幣 1000 元折算一日之標準。其認事用法，核無不合，量刑亦屬允當。

至是否宣告緩刑，為法院得依職權裁量之範疇。茲原審已敘明告訴人雖具狀表示請求給予被告緩刑判決之意旨，然被告前於 100 年 6 月 8 日上午 6 時許，在高雄市○○區○○路 56 巷 6 號住處與告訴人發生爭

吵，而以指甲亂抓之方式攻擊告訴人，致告訴人受有左手臂、顏面、胸部、背部多處擦、挫傷之傷害；又於同年 7 月 3 日上午 6 時許在上開住處不斷辱罵告訴人，以此方式對告訴人為精神上之不法侵害及騷擾行為，而經臺灣高雄地方法院檢察署檢察官分別以 100 年度偵字第 19849、19983 號提起公訴，有起訴書乙份在卷足參，**是被告於為本案犯行前，已另有 2 次違反保護令犯嫌經檢察官提起公訴，而認本案不適宜予以宣告緩刑等語，資以為其不予宣告緩刑之理由**。是被告上訴意旨以原審未併予宣告緩刑，指摘原判決不當，自無理由，應予駁回。

附錄一

法院實務對於子女親權歸屬判斷結果之分析

依民國 105 年 1 月至 11 月之統計資料顯示，法院關於未成年子女親權歸屬之裁判結果，有 50% 會判給母親、22% 會判給父親，可以見得判給母親的情形占半數：

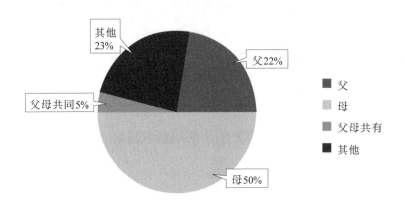

2016 年司法院統計資料
地方法院家事事件裁判未成年人親權歸屬

若自子女的年齡區分，可以看到在各年齡層，判給母親單獨任親權人的結果還是占多數：

子女未滿三歲

子女未滿七歲

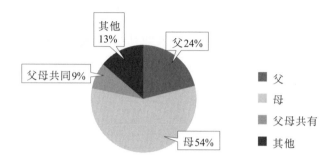

子女滿七歲未滿十二歲

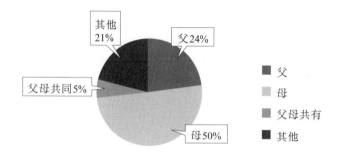

子女滿十二歲未滿二十歲

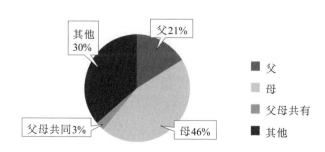

　　如果再進一步分析，法院在親權的判斷上是否因為子女的年齡而有差異，大抵可以從以下的數線圖，得知雖然在各年齡層都是判給母親單獨任親權人者居多，但同時也因為子女逐年長大而判給母親的情形稍呈減少態勢，在此情況下，由父親單獨或由父母雙方共同擔任親權人的情形亦因此而稍稍增多。

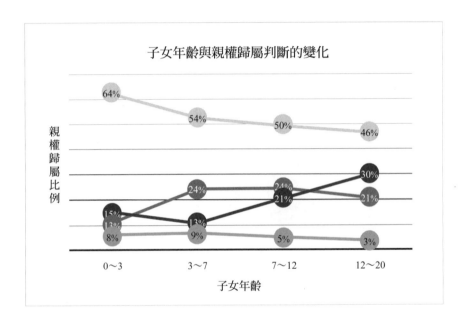

　　但這樣的結果，在近年來有愈來愈多反省、討論的聲音。中外都有學說認為，未成年子女的親權判給母親單獨行使的情形占半數以上的原因，可能源自於對女性性別角色功能的刻板印象，而現代的父親透過種種學習未必不適合育幼。然在這樣的實務趨勢下，不論是在暫時處分或本案請求中，父親若欲爭取擔任未成年子女的親權人或主要照顧者等等，並不是完全不可能，只是律師貼心話建議，父親尤其需要諮詢值得信賴的專業意見。

附錄二

保護令面面觀

法律上有哪些「保護令」？

　　家庭暴力防治法上有「通常保護令」、「暫時保護令」、「緊急保護令」三種，要聲請哪一種才適合，要由被害人仔細斟酌自身的需要，並諮詢專業的法律意見，選擇最有效、最便捷的內容。

		通常保護令	暫時保護令	緊急保護令
危險程度的區別		目前安全比較穩定，但有可能再度發生家暴	目前安全還不穩定	目前就有「急迫危險」
聲請程序	聲請人	自己	自己	請警察、家暴中心、檢察官聲請
	可以對誰聲請	家庭暴力防治法第 2 條： □ 配偶或前配偶 　（如丈夫、妻子或前夫、前妻） □ 現有或曾有同居 　（如現在或以前的同居男女朋友等住在一起的人） □ 現有或曾有家長家屬關係 　（如同居人的父母或小孩） □ 現為或曾為直系血親或姻親 　（如祖父母、父母、子女或岳祖父母、岳父母、公婆） □ 現為或曾為四親等內之旁系血親或旁系姻親 　（兄弟姊妹、兄弟姊妹的配偶、姪子女、舅舅舅媽、伯父伯母、堂表兄弟姊妹……等）		
	是否須經法官開庭審理？	法官須開庭調查	不一定，可能有以下情形： □ 不開庭 □ 法官或司法事務官開庭調查	法官可以不開庭直接核發
	審理期	通常約一個月內開庭調查	不一定，通常一週至一個月	受理警察、檢察官、家暴中心聲請後 4 小時內就核發
效果	有效期限	依法官所核准的兩年以下有效期限。失效前被害人可以自己或請求檢察官、警察向法院聲請延長。	因為只是「暫時」保護令，故之後立即進入通常保護令審理，所以暫時保護令的效力到「通常保護令」審理決定作成時止。	因為只是「緊急」的時候用的保護令，故之後立即進入通常保護令審理，所以暫時保護令的效力到「通常保護令」審理決定作成時止。

各種保護令可以怎麼保護我？

　　各種保護令可能的具體內容為何，也是聲請保護令時的考量重點之一，找到程序上可以聲請，並且在內容上足以有效保護自己的保護令手段是最重要的！

		內容（家庭暴力防治法第 14 條第 1 項各款）
通常保護令	1	禁止相對人對於被害人、目睹家庭暴力兒童及少年或其特定家庭成員實施家庭暴力。
	2	禁止相對人對於被害人、目睹家庭暴力兒童及少年或其特定家庭成員為騷擾、接觸、跟蹤、通話、通信或其他非必要之聯絡行為。
	3	命相對人遷出被害人、目睹家庭暴力兒童及少年或其特定家庭成員之住居所；必要時，並得禁止相對人就該不動產為使用、收益或處分行為。
	4	命相對人遠離下列場所特定距離：被害人、目睹家庭暴力兒童及少年或其特定家庭成員之住居所、學校、工作場所或其他經常出入之特定場所。
	5	定汽車、機車及其他個人生活上、職業上或教育上必需品之使用權；必要時，並得命交付之。
	6	定暫時對未成年子女權利義務之行使或負擔，由當事人之一方或雙方共同任之、行使或負擔之內容及方法；必要時，並得命交付子女。
	7	定相對人對未成年子女會面交往之時間、地點及方式；必要時，並得禁止會面交往。
	8	命相對人給付被害人住居所之租金或被害人及其未成年子女之扶養費。

通常保護令	9	命相對人交付被害人或特定家庭成員之醫療、輔導、庇護所或財物損害等費用。
	10	命相對人完成加害人處遇計畫。
	11	命相對人負擔相當之律師費用。
	12	禁止相對人查閱被害人及受其暫時監護之未成年子女戶籍、學籍、所得來源相關資訊。
	13	命其他保護被害人、目睹家庭暴力兒童及少年或其特定家庭成員之必要命令。
暫時保護令、緊急保護令	1	禁止相對人對於被害人、目睹家庭暴力兒童及少年或其特定家庭成員實施家庭暴力。
	2	禁止相對人對於被害人、目睹家庭暴力兒童及少年或其特定家庭成員為騷擾、接觸、跟蹤、通話、通信或其他非必要之聯絡行為。
	3	命相對人遷出被害人、目睹家庭暴力兒童及少年或其特定家庭成員之住居所;必要時,並得禁止相對人就該不動產為使用、收益或處分行為。
	4	命相對人遠離下列場所特定距離:被害人、目睹家庭暴力兒童及少年或其特定家庭成員之住居所、學校、工作場所或其他經常出入之特定場所。
	5	定汽車、機車及其他個人生活上、職業上或教育上必需品之使用權;必要時,並得命交付之。
	6	定暫時對未成年子女權利義務之行使或負擔,由當事人之一方或雙方共同任之、行使或負擔之內容及方法;必要時,並得命交付子女。

保護令聲請流程

看了以上的文字敘述還是不清楚保護令聲請的細節流程嗎？別擔心，再結合下面的流程圖，告訴你如何按部就班！

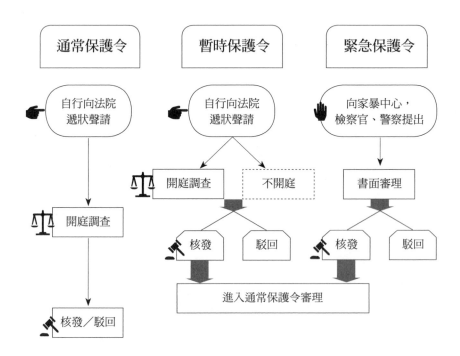

法律怎麼保護我？
──保護令、判決離婚、刑事告訴

　　未來的路怎麼走？除了聲請保護令，法律上有哪些方案可供選擇呢？而這些方案又有什麼不同？

	保護令	離婚	刑事訴訟
目的	「提醒」相對人遵守保護令的內容，不得再使用暴力。	結束法律上的婚姻關係。	使施暴者受到刑事處罰，如罰金、拘役或是關進監獄。
法律依據	家庭暴力防治法	民法第 1052 條	刑法
調查重點	已經發生家暴事實。	是否有符合法律規定的離婚事由。	當次受暴的事實與證據、受傷的情形等。
加害人是否有前科	無。 但若加害人違反保護令，將構成「違反保護令罪」可處三年以下有期徒刑或十萬元以下罰金。	無	有
訴訟費用	無	3000	無
同時請求損害賠償	無	可以 （同時提起，需要繳裁判費）	可以 （以「附帶民事」的方式提起，免裁判費。）
備註	■ 保護令之申請對離婚訴訟可能的影響： 　1. 作為離婚事由的證據 　2. 作為請求離婚的損害賠償的證據 　3. 施暴的對方可能被認為是「不適任」的親權人 ■ 保護令之申請對刑事訴訟可能的影響： 　1. 確認施暴的事實、作為判決有罪的證據之一 　2. 作為附帶民事請求損害賠償的證據		

加害人如果違反保護令……

保護令的核發，目的是給加害人一個「鄭重的警告」，如果加害人置之不理、不願意配合保護令的要求，依照家庭暴力防治法第 61 條可能構成「刑事犯罪」，不僅有可能被處以罰金、關進監牢，甚至留下一輩子的前科，後果十分嚴重。以下分別列出違反的內容、可以考慮的應對過程、需要準備的文件，以及加害人違反保護令的效果。當然，還有最重要的，隨時都要注意自己的人身安全！

核准事項（家暴防治法第 16 條）		可以考慮的應對過程	準備文件	違反效果
款	內容			
1	禁止相對人對於被害人、目睹家庭暴力兒童及少年或其特定家庭成員實施家庭暴力。	法院核發保護令後，會主動通知轄區警員，警員會命相對人不得違反保護令，相對人違反時，聲請人可以報警。 ◆若相對人為現行犯：警方可以現場拘提、逮捕。 ◆若非現行犯：警方得依違反保護令罪函送地檢署偵辦。	1. 2. 保護令正本 受暴證據	觸犯「違反保護令罪」處三年以下有期徒刑、拘役、或併科新台幣十萬元以下罰金。 ※ 屬「非告訴乃論罪」，一經報警提告，即不得反悔撤回。
2	禁止相對人對於被害人、目睹家庭暴力兒童及少年或其特定家庭成員為騷擾、接觸、跟蹤、通話、通信或其他非必要之聯絡行為。	報警→警察機關依違反保護令罪函送地檢署偵辦。		

3	命相對人遷出被害人、目睹家庭暴力兒童及少年或其特定家庭成員之住居所;	法院核發保護令後,會主動通知轄區警員,並由警員依保護令上所載命相對人遷出之時間,到場要求相對人遷出。 若相對人遷出後又搬回:報警→警察機關依違反保護令罪函送地檢署偵辦。	保護令	
	必要時,並得禁止相對人就該不動產為使用、收益或處分行為。	關於「不動產之禁止使用、收益或處分行為及金錢給付」,聲請人應撰寫「強制執行聲請狀」向法院執行處聲請強制執行,可免繳執行費。	1. 保護令 2. 執行標的之資料	法院會函知地政事務所禁止相對人處分部分不動產;或扣押、拍賣相對人之資產,以強制相對人履行保護令內容。
4	命相對人遠離下列場所特定距離:被害人、目睹家庭暴力兒童及少年或其特定家庭成員之住居所、學校、工作場所或其他經常出入之特定場所。	報警→警察機關依違反保護令罪函送地檢署偵辦。	1. 保護令 2. 相關證據	觸犯「違反保護令罪」處三年以下有期徒刑、拘役、或併科新台幣十萬元以下罰金。 ※ 屬「非告訴乃論罪」,一經報警提告,即不得反悔撤回。
5	定汽車、機車及其他個人生活上、職業上或教育上必需品之使用權;必要時,並得命交付之。	報警→警察機關命相對人交出;或由警員陪同聲請人至被害人或相對人之住居所,確保被害人安全占有其必需品。	保護令	無

6	定暫時對未成年子女權利義務之行使或負擔,由當事人之一方或雙方共同任之、行使或負擔之內容及方法;必要時,並得命交付子女。	聲請人可至戶政事務所辦理未成年子女之戶籍遷徙登記。	保護令	無
		報警→警察機關命相對人交出未成年子女。相對人屆期仍未交付者,由權利人準備強制執行聲請狀向法院聲請強制執行,免繳裁判費。		
7	定相對人對未成年子女會面交往之時間、地點及方式;必要時,並得禁止會面交往。	由相對人向主管機關申請於主管機關所設處所為會面交往,並由主管機關所屬人員監督之。相對人不依裁定和子女會面交往時,執行機關或權利人得向警局聲請命相對人限期履行,屆期不履行,聲請人可向法院聲請強制執行或變更保護令。	保護令裁定	無
8	命相對人給付被害人住居所之租金或被害人及其未成年子女之扶養費。	聲請人應向法院聲請強制執行,可免繳執行費。	1. 保護令 2. 執行標的資料	無
9	命相對人交付被害人或特定家庭成員之醫療、輔導、庇護所或財物損害等費用。			無

10	命相對人完成加害人處遇計畫。	主管機關通知相對人履行，若相對人不履行，主管機關可以相對人違反保護令罪依法函送地檢署偵辦。	保護令	觸犯「違反保護令罪」處三年以下有期徒刑、拘役、或併科新台幣十萬元以下罰金。 ※屬「非告訴乃論罪」，一經報警提告，即不得反悔撤回。
11	命相對人負擔相當之律師費用。	聲請人應向法院聲請強制執行，可免繳裁判費		無
12	禁止相對人查閱被害人及受其暫時監護之未成年子女戶籍、學籍、所得來源相關資訊。	聲請人應向相關機關聲請執行。		無
13	命其他保護被害人、目睹家庭暴力兒童及少年或其特定家庭成員之必要命令。	報警→警察機關依違反保護令罪函送地檢署偵辦。		無

附　件

書狀範本

暫時處分聲請

聲請暫時處分（親子非訟）

家事聲請狀

案　　　號	年度　　字第　　號	承　辦　股　別	
訴訟標的 金　額　或 價　　　額	新臺幣	元	
稱　　　謂	姓名或名稱	依序填寫：國民身分證統一編號或營利事業統一編號、性別、出生年月日、職業、住居所、就業處所、公務所、事務所或營業所、郵遞區號、電話、傳真、電子郵件位址、指定送達代收人及其送達處所。	
聲　請　人	○○○	國民身分證統一編號（或營利事業統一編號）： 性別：男／女　生日：　　　　職業： 住： 郵遞區號：　　　　　電話： 傳真： 電子郵件位址： 送達代收人： 送達處所：	

法　定 代　理　人	○○○	國民身分證統一編號（或營利事業統一編號）： 性別：男／女　生日：　　　　職業： 住： 郵遞區號：　　　　　電話： 傳真： 電子郵件位址： 送達代收人： 送達處所：
相　對　人	○○○	國民身分證統一編號（或營利事業統一編號）： 性別：男／女　生日：　　　　職業： 住： 郵遞區號：　　　　電話： 傳真： 電子郵件位址： 送達代收人： 送達處所：

為聲請暫時處分事：
聲請事項
一、對相對人核發下列內容之暫時處分（請勾選符合您所欲聲請之項目）
□命相對人（自○年○月○日起於每月○日前）給付未成年子女○○○＿＿＿＿＿＿（□生活費□教育費□醫療費□諮商輔導費□程序監理人報酬）新臺幣＿＿＿＿＿＿＿＿元。
□命相對人於○年○月○日○時前，在＿＿＿＿＿＿（交付地點）將下列生活（教育、職業）必需物品交付聲請人：＿＿＿＿＿＿
□命相對人完成＿＿＿＿＿＿＿＿（如遷移戶籍）以協助未成年子女○○○就醫或就學。
□禁止相對人（及○○○出生年月日、身分證字號、住居所）攜帶未成年子女○○○離開＿＿＿＿＿＿（處所及地址）或出境。
□禁止相對人處分未成年子女○○○所有如附表所示之財產。
□其他：＿＿＿＿＿＿＿＿。
二、聲請程序費用由相對人負擔。
事實及理由
一、聲請人業於○○年○○月○○日為本案之請求（案號：＿＿＿＿＿＿）
另聲請人和相對人間□無 □有 保護令（假扣押、假處分）裁定
（案號：＿＿＿＿＿＿＿）
二、（請敘述暫時處分核發之必要性）
目前兩造因＿＿＿＿＿＿（事由或詳述事實），案件繫屬於 貴院中，但因
□情況急迫

□恐相對人致繫屬中之案件請求，無法實現	
爰依家事事件法第85條及家事非訟事件暫時處分類型及方法辦法規定，請求　貴院裁定如上列所示之暫時處分。	
此　致	
○○○○地方法院（少年及家事法院）家事法庭　　公鑒	
證物名稱及件數	一、當事人及未成年子女（或關係人）之戶籍謄本。 二、相關案件之開庭通知書或其他可資證明之文書。 三、其他。

中華民國　　　　　　年　　　　　　月　　　　　　日

　　　　　　具狀人　　　　　　　　　　　簽名蓋章

　　　　　　撰狀人　　　　　　　　　　　簽名蓋章

聲請暫時處分（婚姻非訟）

家事聲請狀

案　　　號	年度　　字第　　號	承　辦　股　別	
訴訟標的金額或價額	新臺幣	元	
稱　　　謂	姓名或名稱	依序填寫：國民身分證統一編號或營利事業統一編號、性別、出生年月日、職業、住居所、就業處所、公務所、事務所或營業所、郵遞區號、電話、傳真、電子郵件位址、指定送達代收人及其送達處所。	
聲　請　人	○○○	國民身分證統一編號（或營利事業統一編號）： 性別：男／女　生日：　　　職業： 住： 郵遞區號：　　　　電話： 傳真： 電子郵件位址： 送達代收人： 送達處所：	

法 定 代 理 人	○○○	國民身分證統一編號（或營利事業統一編號）： 性別：男／女　生日：　　　　職業： 住： 郵遞區號：　　　　　　電話： 傳真： 電子郵件位址： 送達代收人： 送達處所：
相 對 人	○○○	國民身分證統一編號（或營利事業統一編號）： 性別：男／女　生日：　　　　職業： 住： 郵遞區號：　　　　　　電話： 傳真： 電子郵件位址： 送達代收人： 送達處所：

為聲請暫時處分事：
聲請事項
一、對相對人核發下列內容之暫時處分（請勾選符合您所欲聲請之項目）
□禁止相對人處分如附表所示之財產。
□命相對人（自○年○月○日起於每月○日前）給付聲請人＿＿＿＿＿＿   ＿＿＿＿費用新臺幣＿＿＿＿＿＿＿＿＿＿元。
□命相對人於○年○月○日○時前，在＿＿＿＿＿＿＿（交付地點）   將下列生活（教育、職業）必需物品交付聲請人：＿＿＿＿＿＿＿
□其他：＿＿＿＿＿＿＿＿＿＿＿＿＿＿
二、聲請程序費用由相對人負擔。
事實及理由

一、聲請人業於○○年○○月○○日為本案之請求
    （案號：＿＿＿＿＿＿＿＿）
    另聲請人和相對人間□無 □有 保護令（假扣押、假處分）裁定
    （案號：＿＿＿＿＿＿＿＿）

二、（請敘述暫時處分核發之必要性）
目前兩造因＿＿＿＿＿＿（事由或詳述事實），案件繫屬於 貴院中，   但因
□情況急迫
□恐相對人致繫屬中之案件請求，無法實現
爰依家事事件法第85條及家事非訟事件暫時處分類型及方法辦法   規定，請求 貴院裁定如上列所示之暫時處分。
此   致
○○○○地方法院（少年及家事法院）家事法庭 公鑒

證 物 名 稱 及 件 數	一、當事人及未成年子女（或關係人）之戶籍謄本。 二、相關案件之開庭通知書或其他可資證明之文書。 三、其他

中華民國　　　　　　　年　　　　　　月　　　　　　日

　　　　　　　　　具狀人　　　　　　　　　　簽名蓋章

　　　　　　　　　撰狀人　　　　　　　　　　簽名蓋章

聲請暫時處分（其他）

家事聲請狀

案　　　號	年度　字第　　號	承　辦　股　別	
訴訟標的金　額　或價　　　額	新臺幣		元
稱　　　謂	姓名或名稱	依序填寫：國民身分證統一編號或營利事業統一編號、性別、出生年月日、職業、住居所、就業處所、公務所、事務所或營業所、郵遞區號、電話、傳真、電子郵件位址、指定送達代收人及其送達處所。	
聲　請　人	○○○	國民身分證統一編號（或營利事業統一編號）： 性別：男／女　生日：　　　　職業： 住： 郵遞區號：　　　　　電話： 傳真： 電子郵件位址： 送達代收人： 送達處所：	

相 對 人	○○○	國民身分證統一編號（或營利事業統一編號）： 性別：男／女　生日：　　　　職業： 住： 郵遞區號：　　　　電話： 傳真： 電子郵件位址： 送達代收人： 送達處所：

為聲請暫時處分事：
聲請事項
一、對相對人核發下列內容之暫時處分（請勾選符合您所欲聲請之項目）
□禁止相對人處分如附表所示之財產。
□命相對人（自○年○月○日起於每月○日前）給付聲請人（或未成年子女○○○）＿＿＿＿＿＿＿（□生活費□教育費□醫療費□諮商輔導費□程序監理人報酬）新臺幣＿＿＿＿＿＿＿＿元。
□命相對人於○年○月○日○時前，在＿＿＿＿＿＿＿（交付地點）將下列生活（教育、職業）必需物品交付聲請人：＿＿＿＿＿＿＿
□命相對人完成＿＿＿＿＿＿＿＿＿(如遷移戶籍)以協助未成年子女○○○就醫或就學。
□禁止相對人攜帶未成年子女○○○離開＿＿＿＿＿＿＿＿＿（處所及地址）或出境。
□禁止相對人處分未成年子女所有如附表所示之財產。
□保存財產之行為。
□相對人不得處分如附表所示之不動產（包括建物及其座落土地）；亦不得為下列有礙於被害人使用該不動產之行為：
□出租；□出借；□設定負擔；□其他＿＿＿＿＿＿。
□相對人應於　年　月　日　時前，在＿＿＿＿將＿＿＿＿＿物品連同相關證件、鑰匙等交付被害人。（請提供車籍資料或相關證明文件）
□下列未成年子女權利義務之行使或負擔，暫定由□被害人、□相對人、□其他＿＿＿＿＿＿＿＿行使負擔。
□相對人得依下列時間、地點、方式與前開未成年子女會面交往：

時間： 　地點： 　方式：
□相對人應按月於每月　　日前給付被害人：
□住居所租金（新臺幣，下同）＿＿＿元，□扶養費＿＿＿元、
□未成年子女（姓名）＿＿＿＿＿之扶養費＿＿＿元。
□相對人應交付下列費用予被害人或特定家庭成員（姓名）：
□醫療費用　　　元、□輔導費用　　　元、
□心理諮商費用　　　元、□財物損害費用　　　元、
□其他費用　　　元。
□其他。
二、聲請程序費用由相對人負擔。
事實及理由
一、聲請人業於○○年○○月○○日為本案之請求 　（案號：＿＿＿＿＿＿＿）
另聲請人和相對人間 □無 □有 保護令（假扣押、假處分）裁定 　（案號：＿＿＿＿＿＿＿）
二、（請敘述暫時處分核發之必要性）
目前兩造因＿＿＿＿（事由或詳述事實），案件繫屬於　貴院中， 　但因
□情況急迫
□恐相對人致繫屬中之案件請求，無法實現
爰依家事事件法第85條及家事非訟事件暫時處分類型及方法辦法規 　定，請求　貴院裁定如上列所示之暫時處分。

此　致		
○○○○地方法院（少年及家事法院）家事法庭　公鑒		
證物名稱 及件數	一、當事人及未成年子女（或關係人）之戶籍謄本。 二、相關案件之開庭通知書或其他可資證明之文書。 三、其他	
中華民國　　　　　　　年　　　　　　月　　　　　　日 　　　　　　　具狀人　　　　　　　　　　簽名蓋章 　　　　　　　撰狀人　　　　　　　　　　簽名蓋章		

通常保護令聲請狀

聲請民事通常保護令

家事聲請狀

案　　號	年度　字第　　號	承　辦　股　別

稱　　謂	姓名或名稱	依序填寫：國民身分證統一編號或護照等身分證明文件字號、性別、出生年月日、職業、住居所、公務所、事務所或營業所、郵遞區號、電話、傳真、電子郵件位址、指定送達代收人及其送達處所。
聲　請　人	○○○	國民身分證統一編號或護照等身分證明文件字號： 性別：男／女　　　生日：　　　　職業： 住：（□請保密，詳附件1） 郵遞區號： 電話、手機：（□請保密，詳附件1） 傳真： 電子郵件位址： 送達代收人： 送達處所：（□請保密，詳附件1） ※是否請求法官隔別詢問或為其他適當之安全措施： 　□是（原因　　　　　　　　　　） 　□否

法 定 代 理 人	○○○	國民身分證統一編號或護照等身分證明文件字號： 性別：男／女　　生日：　　　　職業： 住：（□請保密，詳附件1） 郵遞區號： 電話、手機：（□請保密，詳附件1） 傳真： 電子郵件位址： 送達代收人： 送達處所：（□請保密，詳附件1）
代 理 人	○○○	國民身分證統一編號或護照等身分證明文件字號： 性別：男／女　　生日：　　　　職業： 住： 郵遞區號： 電話、手機： 傳真： 電子郵件位址： 送達代收人： 送達處所：
被 害 人	○○○	□即聲請人（如聲請人與被害人為同一人，請逕於下方「◎」部分填寫資料；如有聲請人以外的其他被害人，仍須詳載其他被害人資料） 國民身分證統一編號或護照等身分證明文件字號： 性別：男／女　　生日：　　　　職業： 住：（□請保密，詳附件1）

		郵遞區號： 電話、手機：（□請保密，詳附件1） 傳真： 電子郵件位址： ※是否請求法官隔別詢問或爲其他適當之安全措 　施： 　□是（原因　　　　　　　　　　　　　） 　□否 ◎於審理時，是否需聲請親屬或個案輔導之社工 　人員、心理師陪同到場 　□是：姓名： 　　　　身分： 　　　　聯絡處所： 　　　　聯絡電話： 　□否 送達代收人： 送達處所：（□請保密，詳附件1）
相　對　人	○○○	國民身分證統一編號或護照等身分證明文件字號： 性別：男／女　　生日：　　　　　職業： 住： 郵遞區號： 電話、手機： 傳真： 電子郵件位址： 送達代收人： 送達處所：

為聲請民事通常保護令事：

聲請意旨

聲請對相對人核發下列內容的通常保護令（請勾選符合所欲聲請之保護令種類及內容，內容後所示數字為家庭暴力防治法第14條第1項該款）

☐相對人不得對下列之人實施身體、精神或經濟上之騷擾、控制、脅迫或其他不法侵害之行為（14-1-1）：
　　☐被害人
　　☐被害人子女＿＿＿＿＿＿＿＿
　　☐目睹家庭暴力兒童及少年＿＿＿＿＿＿＿＿＿
　　☐被害人其他家庭成員＿＿＿＿＿＿＿

☐相對人不得對於☐被害人
　　　　　　　　☐目睹家庭暴力兒童及少年＿＿＿＿＿＿＿
　　　　　　　　☐特定家庭成員＿＿＿＿＿＿＿
　為下列聯絡行為（14-1-2）：
　☐騷擾；☐接觸；☐跟蹤；☐通話；☐通信；☐其他＿＿＿＿＿＿。

☐相對人應在　　年　月　日　時前遷出下列住居所，並將全部鑰匙交付（請提供房屋權狀或租約影本）（14-1-3前段）：
　　☐被害人
　　☐目睹家庭暴力兒童及少年＿＿＿＿＿＿＿
　　☐特定家庭成員＿＿＿＿＿＿
　　地址：＿＿＿＿＿＿縣(市)＿＿＿＿區(鄉、鎮、市)＿＿＿＿街(路)
　　＿＿＿號＿＿樓

☐相對人不得就上開不動產（包括建物及其座落土地）為任何處分行為；亦不得為下列有礙於被害人使用該不動產之行為（14-1-3後段）：
　☐出租；☐出借；☐設定負擔；☐其他＿＿＿＿＿＿。

☐相對人應遠離下列場所至少＿＿＿＿公尺（14-1-4）：

1、住居所：☐被害人　☐目睹家庭暴力兒童及少年＿＿＿＿＿＿
　　　　　☐特定家庭成員＿＿＿＿＿＿　　之住居所
　　　地址：＿＿＿＿＿＿＿＿＿＿＿＿＿＿＿＿＿＿＿＿＿＿

2、學校：☐被害人　☐目睹家庭暴力兒童及少年＿＿＿＿＿＿
　　　　　☐特定家庭成員＿＿＿＿＿＿　　之學校
　　　地址：＿＿＿＿＿＿＿＿＿＿＿＿＿＿＿＿＿＿＿＿＿＿

3、工作場所：☐被害人　☐目睹家庭暴力兒童及少年＿＿＿＿＿＿
　　　　　☐特定家庭成員＿＿＿＿＿＿　　之工作場所
　　　地址：＿＿＿＿＿＿＿＿＿＿＿＿＿＿＿＿＿＿＿＿＿＿

4、經常出入之場所：☐被害人
　　　　　☐目睹家庭暴力兒童及少年＿＿＿＿＿＿
　　　　　☐特定家庭成員＿＿＿＿＿＿　經常出入之場所
　　　地址：＿＿＿＿＿＿＿＿＿＿＿＿＿＿＿＿＿＿＿＿＿＿

☐相對人應遠離下列區域（14-1-4）：
☐＿＿＿＿＿＿縣（市）＿＿＿＿＿鄉鎮市以東　以西　以南　以北
☐＿＿＿＿＿＿鄰里
☐其他＿＿＿＿＿＿＿＿＿

☐下列物品之使用權歸被害人（14-1-5）：
☐汽車（車號：　　　　　　　）
☐機車（車號：　　　　　　　）
☐其他物品＿＿＿＿＿＿＿＿＿

☐相對人應於　　年　月　日　時前，在　　　　將上開物品
連同相關證件、鑰匙等交付被害人。（請提供車籍資料或相關證明文件）
（14-1-5）

□下列未成年子女權利義務之行使或負擔，暫定由
　　□被害人
　　□相對人
　　□被害人及相對人共同
　以下述方式任之（14-1-6）：
　未成年子女姓名_____、性別____、出生日期____年____月
　____日、權利義務行使負擔之內容及方法：(請詳述)

□相對人應於_____年____月____日____午____時前，於_____處
　所前，將子女姓名_____、性別____、出生日期____年
　____月__日交付被害人（14-1-6）。

□相對人得依下列時間、地點、方式與前開未成年子女姓名_____
　__、性別____、出生日期____年____月____日會面交往（14-1-7）：
　時間：
　地點：
　方式：

□相對人不得與前開未成年子女為任何會面交往（14-1-7）。

□相對人應按月於每月____日前給付被害人（14-1-8）：
　　□住居所租金（新臺幣，下同）_____元
　　□扶養費_____元
　　□未成年子女（姓名）_____之扶養費_____元。

□相對人應交付下列費用予□被害人 □特定家庭成員（姓名）____
　_____（14-1-9）：
　　□醫療費用_____元　　　　□輔導費用_____元
　　□庇護所費用_____元　　　□財物損害費用_____元
　　□其他費用_____元。

□相對人應完成下列處遇計畫（14-1-10）：
　　□認知教育輔導　　□親職教育輔導
　　□心理輔導　　　　□精神治療
　　□戒癮治療（□酒精 □藥物濫用 □毒品 □其他_____）、
　　□其他

□相對人應負擔律師費　　　　　　　元（14-1-11）。

□禁止相對人查閱被害人及受其暫時監護之未成年子女（姓名）_____
　　_____下列資訊（14-1-12）：
　　□戶籍 □學籍 □所得來源 □其他_____

□其他保護被害人、目睹家庭暴力兒童及少年暨其特定家庭成員之必
　要命令（14-1-13）_____
　_____。

□程序費用由相對人負擔。

原因事實（請勾選符合您本件聲請的原因及事實，如有其他補充陳述，
請在「其他」項下填寫）

（一）被害人、相對人的關係：
　　□婚姻中（□共同生活□分居）
　　□離婚
　　□現有或□曾有下列關係：
　　　　□同居關係　□家長家屬　□家屬間　□直系血親
　　　　□直系姻親　□四親等內旁系血親
　　　　□四親等內旁系姻親　□未同居伴侶　□其他：_____。

（二）被害人的職業：□無　　□有_____
　　　　經濟狀況：□低收入戶　□小康之家　□中產以上
　　　　　　　　　□其他_____
　　　　　教育程度：□國小　□國中　□高中（職）　□大學（專）
　　　　　　　　　　□研究所　□其他_____
　　　相對人的職業：□無　　□有_____
　　　　經濟狀況：□低收入戶　□小康之家　□中產以上
　　　　　　　　　□其他_____
　　　　　教育程度：□國小　□國中　□高中（職）　□大學（專）
　　　　　　　　　　□研究所　□其他_____
　　　有共同子女__人；其中未成年子女___人，姓名_____、
　　　年齡___。

（三）家庭暴力發生的時間、原因、地點：
　　　發生時間：_____年___月___日___時___分
　　　發生原因：□感情問題　□個性不合　□口角
　　　　　　　　□慣常性虐待　□酗酒
　　　　　　　　□施用毒品、禁藥或其他迷幻藥物
　　　　　　　　□經濟（財務）問題　□兒女管教問題
　　　　　　　　□親屬相處問題　□不良嗜好　□精神異常
　　　　　　　　□出入不當場所（場所種類：_____）
　　　　　　　　□其他：_____　。
　　　發生地點：_____。

（四）被害人及其家庭成員是否遭受相對人暴力攻擊？
　　　□否
　　　□是（遭受攻擊者姓名：_____，係□兒童　□少年　□成人
　　　　□老人）。
　　　遭受何種暴力？□普通傷害
　　　　　　　　　　□重傷害（指毀壞眼睛、耳朵、四肢、言語、
　　　　　　　　　　　味覺、嗅覺、生殖等機能或造成嚴重損害）
　　　　　　　　　　□殺人未遂
　　　　　　　　　　□殺人
　　　　　　　　　　□性侵害

　　　　　　　□妨害自由
　　　　　　　□目睹家庭暴力
　　　　　　　□其他_____。
　　攻擊態樣：□使用槍枝　　□使用刀械
　　　　　　　□使用棍棒　　□徒手
　　　　　　　□其他：_____。
　　是否受傷：□否
　　　　　　　□是（受傷部位：_____。）
　　是否驗傷：□否
　　　　　　　□是（是否經醫療院所開具驗傷單？
　　　　　　　　　□否；　□是【請提供驗傷單】）。
　　對暴力行為有無具體描述？□無
　　　　　　　　　　　　　　　□有（請描述_____）

　　被害人是否覺得有生命危險？□否
　　　　　　　　　　　　　　　□是（請描述原因_____
　　　　　　　_____）

（五）被害人及其家庭成員是否遭受相對人恐嚇、脅迫、辱罵及其他精
　　　神上不法侵害？
　　　□否
　　　□是（其具體內容為：_____）

（六）被害人及其家庭成員是否遭受相對人經濟上控制、脅迫或其他經
　　　濟上不法侵害？
　　　□否　□是（其具體內容為:_____）

（七）是否有任何財物毀損?
　　　□否
　　　□是（被毀損之物品為:_____、_____，屬於_____
　　　　　所有。【請提供證明文件】）

（八）相對人以前是否曾對被害人及其家庭成員實施暴力行為？
　　□否
　　□是（共＿＿＿次，距離本次事件之前，上次發生的時間：＿＿＿
　　　年＿＿月＿＿日，被害人＿＿＿＿＿＿＿＿，具體內容為：＿＿＿
　　　＿＿＿＿＿＿＿＿＿＿＿＿＿＿＿。）
　　相對人以前是否曾因家庭暴力行為，經法院核發民事保護令？
　　□否
　　□是（共＿＿次，並請記載案號：○○法院○年度○字第○號民
　　　事裁定。）

（九）相對人以前是否曾以言詞、文字或其他方法恐嚇被害人不得報
　　警或尋求協助？
　　□否
　　□是

（十）相對人以前是否曾經接受治療或輔導：
　　□否
　　□是，□認知教育輔導　　□心理輔導
　　　　　□親職教育輔導　　□精神治療
　　　　　□戒癮治療（□酒精　□藥物濫用　□毒品
　　　　　□其他＿＿＿＿＿＿＿）
　　　　　□其他＿＿＿＿＿＿
　　　　　治療或輔導機構為：＿＿＿＿＿＿＿＿＿＿＿＿＿，成效如
　　　　　　　　何？＿＿＿＿＿＿＿＿＿＿＿＿

（十一）被害人希望相對人交付物品之場所為：＿＿＿＿＿＿＿＿＿＿。

（十二）被害人是否要求對其本人及子女的□住居所　□聯絡地址
　　　□電話及手機　予以保密？
　　　　　□否
　　　　　□是

（十三）其他：(請敘明)

此 致

○○○○地方法院（少年及家事法院）家事法庭　　公鑒

證 物 名 稱 及 件 數	一、證人姓名及住所： 二、證物：

中華民國　　　　　　年　　　　　　月　　　　　　日

　　　　　　　　　　具狀人　　　　　　　　　　　簽名蓋章

　　　　　　　　　　撰狀人　　　　　　　　　　　簽名蓋章

暫時保護令、緊急保護令聲請狀

聲請民事暫時保護令、緊急保護令

家事聲請狀

案　　號	年度　　字第　　號	承　辦　股　別
稱　　謂	姓名或名稱	依序填寫：國民身分證統一編號或護照等身分證明文件字號、性別、出生年月日、職業、住居所、公務所、事務所或營業所、郵遞區號、電話、傳真、電子郵件位址、指定送達代收人及其送達處所。
聲　請　人	○○○	國民身分證統一編號或護照等身分證明文件字號： 性別：　　　生日：　　　職業： 住：（□請保密，詳附件1） 郵遞區號： 電話、手機：（□請保密，詳附件1） 傳真： 電子郵件位址： 送達代收人： 送達處所：（□請保密，詳附件1） ※是否請求法官隔別詢問或為其他適當之安全措施： □是（原因　　　　　　　　　　　　） □否

法 定 代理 人	○○○	國民身分證統一編號或護照等身分證明文件字號： 性別：男／女　　生日：　　　　　職業： 住：（□請保密，詳附件1） 郵遞區號： 電話、手機：（□請保密，詳附件1） 傳真： 電子郵件位址： 送達代收人： 送達處所：（□請保密，詳附件1）
代 理 人	○○○	國民身分證統一編號或護照等身分證明文件字號： 性別：男／女　　生日：　　　　　職業： 住：（□請保密，詳附件1） 郵遞區號： 電話、手機：（□請保密，詳附件1） 傳真： 電子郵件位址： 送達代收人： 送達處所：（□請保密，詳附件1）
被 害 人	○○○	□即聲請人（如聲請人與被害人為同一人，請逕於下方「◎」部分填寫資料；如有聲請人以外的其他被害人，仍須詳載其他被害人資料） 國民身分證統一編號或護照等身分證明文件字號： 性別：男／女　　生日：　　　　　職業： 住：（□請保密，詳附件1） 郵遞區號： 電話、手機：（□請保密，詳附件1） 傳真： 電子郵件位址：

		※是否請求法官隔別詢問或為其他適當之安全措施： 　　□是（原因　　　　　　　　　　　　　） 　　□否 ◎於審理時，是否需聲請親屬或個案輔導之社工人員、心理師陪同到場 　　□是：姓名： 　　　　　身分： 　　　　　聯絡處所： 　　　　　聯絡電話： 　　□否 送達代收人： 送達處所：（□請保密，詳附件1）
相　對　人	○○○	國民身分證統一編號或護照等身分證明文件字號： 性別:男/女　生日：　職業： 住： 郵遞區號： 電話、手機： 傳真： 電子郵件位址： 送達代收人： 送達處所：

為聲請民事□暫時保護令　　事：
　　　　　□緊急保護令（只有檢察官、警察機關或直轄市、縣【市】
　　　　　　主管機關才能聲請）

聲請意旨

聲請對相對人核發下列內容的□暫時保護令
　　　　　　　　　　　　　　□緊急保護令
（請勾選符合所欲聲請之保護令種類及內容，內容後所示數字為家庭暴力防治法第14
條第1項該款）

□相對人不得對下列之人實施身體、精神或經濟上之騷擾、控制、脅
　迫或其他不法侵害之行為（14-1-1）：
　　□被害人
　　□被害人子女＿＿＿＿＿＿＿＿
　　□目睹家庭暴力兒童及少年＿＿＿＿＿＿＿＿
　　□被害人其他家庭成員＿＿＿＿＿＿

□相對人不得對於□被害人
　　　　　　　　□目睹家庭暴力兒童及少年＿＿＿＿＿＿＿
　　　　　　　　□特定家庭成員＿＿＿＿＿＿＿
　為下列聯絡行為（14-1-2）：
　　□騷擾；□接觸；□跟蹤；□通話；□通信；□其他＿＿＿＿＿＿。

□相對人應在　　年　　月　　日　　時前遷出下列住居所，
　並將全部鑰匙交付（請提供房屋權狀或租約影本）（14-1-3前段）：
　　□被害人
　　□目睹家庭暴力兒童及少年＿＿＿＿＿＿
　　□特定家庭成員＿＿＿＿＿＿
　　　地址：＿＿＿＿＿縣(市)＿＿＿＿區(鄉、鎮、市)＿＿＿＿街(路)
　　　　　＿＿＿號＿＿＿樓

□相對人不得就上開不動產（包括建物及其座落土地）為任何處分行為；
　亦不得為下列有礙於被害人使用該不動產之行為（14-1-3後段）：
　　□出租；□出借；□設定負擔；□其他＿＿＿＿＿＿。

□相對人應遠離下列場所至少＿＿＿公尺（14-1-4）：
　　1、住居所：□被害人　□目睹家庭暴力兒童及少年＿＿＿＿＿＿＿
　　　　　　　　□特定家庭成員＿＿＿＿＿＿之住居所
　　　地址：＿＿＿＿＿＿＿＿＿＿＿＿＿＿＿＿＿＿＿＿＿＿＿＿＿＿

　　2、學校：□被害人　□目睹家庭暴力兒童及少年＿＿＿＿＿＿＿
　　　　　　　□特定家庭成員＿＿＿＿＿＿之學校
　　　地址：＿＿＿＿＿＿＿＿＿＿＿＿＿＿＿＿＿＿＿＿＿＿＿＿＿＿

　　3、工作場所：□被害人　□目睹家庭暴力兒童及少年＿＿＿＿＿＿
　　　　　　　　　□特定家庭成員＿＿＿＿＿＿之工作場所
　　　地址：＿＿＿＿＿＿＿＿＿＿＿＿＿＿＿＿＿＿＿＿＿＿＿＿＿＿

　　4、經常出入之場所：□被害人
　　　　　　　　　　　　□目睹家庭暴力兒童及少年＿＿＿＿＿＿
　　　　　　　　　　　　□特定家庭成員＿＿＿＿＿＿經常出入之場所
　　　地址：＿＿＿＿＿＿＿＿＿＿＿＿＿＿＿＿＿＿＿＿＿＿＿＿＿＿

□相對人應遠離下列區域（14-1-4）：
　□＿＿＿＿＿＿縣（市）＿＿＿＿＿鄉鎮市以東　以西　以南　以北
　□＿＿＿＿＿＿鄰里
　□其他＿＿＿＿＿＿＿＿

□下列物品之使用權歸被害人（14-1-5）：
　□汽車（車號：　　　　）
　□機車（車號：　　　）
　□其他物品＿＿＿＿＿＿＿＿

□相對人應於　年　月　日　時前，在　　　將上開物品連同相關
　證件、鑰匙等交付被害人。（請提供車籍資料或相關證明文件）（14-1-5）

□下列未成年子女權利義務之行使或負擔，暫定由
　□被害人
　□相對人
　□被害人及相對人共同
　　以下述方式任之（14-1-6）：
　　未成年子女姓名＿＿＿＿＿＿＿、性別＿＿＿、出生日期＿＿＿年＿＿＿月
　＿＿＿日、權利義務行使負擔之內容及方法：(請詳述)

☐相對人應於＿＿＿年＿＿月＿＿日＿＿午＿＿時前，於＿＿＿＿處所前，將子女姓名＿＿＿＿＿、性別＿＿、出生日期＿＿年＿＿月＿＿日交付被害人（14-1-6）。

☐禁止相對人查閱被害人及受其暫時監護之未成年子女（姓名）＿＿＿＿＿＿下列資訊（14-1-12）：
　☐戶籍　☐學籍　☐所得來源　☐其他＿＿＿＿＿＿

☐其他保護被害人、目睹家庭暴力兒童及少年暨其特定家庭成員之必要命令（14-1-13）＿＿＿＿＿＿＿＿＿＿＿＿＿＿＿＿＿＿
＿＿＿＿＿＿。

☐程序費用由相對人負擔。

如果因法院核發暫時保護令或緊急保護令，視為已聲請通常保護令時，一併聲請核發下列內容之通常保護令（請勾選符合所欲聲請之保護令種類及內容，內容後所示數字為家庭暴力防治法第14條第1項該款）：

☐相對人得依下列時間、地點、方式與前開未成年子女姓名＿＿＿＿＿、性別＿＿、出生日期＿＿年＿月＿日會面交往（14-1-7）：
　時間：
　地點：
　方式：

☐相對人不得與前開未成年子女為任何會面交往（14-1-7）。

☐相對人應按月於每月＿＿＿＿日前給付被害人（14-1-8）：
　☐住居所租金（新臺幣，下同）＿＿＿＿＿元
　☐扶養費＿＿＿＿＿元
　☐未成年子女（姓名）＿＿＿＿＿之扶養費＿＿＿＿＿元。

☐相對人應交付下列費用予☐被害人　☐特定家庭成員（姓名）＿＿＿＿＿＿＿＿＿＿（14-1-9）：
　☐醫療費用＿＿＿＿＿元　　☐輔導費用＿＿＿＿＿元
　☐庇護所費用＿＿＿＿＿元　☐財物損害費用＿＿＿＿＿元
　☐其他費用＿＿＿＿＿元。

□相對人應完成下列處遇計畫（14-1-10）：
　　□認知教育輔導　　　□親職教育輔導
　　□心理輔導　　　　　□精神治療
　　□戒癮治療（□酒精 □藥物濫用 □毒品 □其他＿＿＿＿＿）
　　□其他

□相對人應負擔律師費　　　　　元（14-1-11）。

原因事實（請勾選符合您本件聲請的原因及事實，如有其他補充陳述，請在「其他」項下填寫）

（一）被害人、相對人的關係：
　　□婚姻中（□共同生活□分居）
　　□離婚
　　□現有或□曾有下列關係：
　　　　□同居關係□家長家屬□家屬間□直系血親
　　　　□直系姻親□四親等內旁系血親
　　　　□四親等內旁系姻親□未同居伴侶□其他：＿＿＿＿＿＿。

（二）被害人的職業：□無　　　□有＿＿＿＿
　　　經濟狀況：□低收入戶　□小康之家　□中產以上
　　　　　　　　□其他＿＿＿＿＿＿
　　　教育程度：□國小　□國中　□高中（職）　□大學（專）
　　　　　　　　□研究所　□其他＿＿＿＿
　　　相對人的職業：□無　　　□有＿＿＿＿
　　　經濟狀況：□低收入戶　□小康之家　□中產以上
　　　　　　　　□其他＿＿＿＿＿＿
　　　教育程度：□國小　□國中　□高中（職）　□大學（專）
　　　　　　　　□研究所　□其他＿＿＿＿＿＿
　　有共同子女＿人；其中未成年子女＿＿＿人，姓名＿＿＿＿＿＿、
年齡＿＿＿。

（三）家庭暴力發生的時間、原因、地點：
　　發生時間：＿＿＿＿年＿＿月＿＿日＿＿時＿＿分
　　發生原因：□感情問題 □個性不合 □口角
　　　　　　　□慣常性虐待 □酗酒
　　　　　　　□施用毒品、禁藥或其他迷幻藥物
　　　　　　　□經濟（財務）問題　□兒女管教問題
　　　　　　　□親屬相處問題　□不良嗜好　□精神異常
　　　　　　　□出入不當場所（場所種類：＿＿＿＿＿＿）
　　　　　　　□其他：＿＿＿＿＿＿　。
　　發生地點：＿＿＿＿＿＿＿＿＿＿＿＿＿＿＿＿＿＿＿＿＿。

　　□聲請緊急保護令（只有檢察官、警察機關或直轄市、縣【市】
　　　主管機關才能聲請），被害人有受家庭暴力急迫危險之事由：

（四）被害人及其家庭成員是否遭受相對人暴力攻擊？
　　□否
　　□是（遭受攻擊者姓名：＿＿＿＿＿＿，係□兒童□少年□成人
　　　□老人）。
　　　　遭受何種暴力？□普通傷害
　　　　　　　　　　　□重傷害（指毀壞眼睛、耳朵、四肢、言
　　　　　　　　　　　　語、味覺、嗅覺、生殖等機能或造成嚴
　　　　　　　　　　　　重損害）
　　　　　　　　　　　□殺人未遂
　　　　　　　　　　　□殺人
　　　　　　　　　　　□性侵害
　　　　　　　　　　　□妨害自由
　　　　　　　　　　　□目睹家庭暴力
　　　　　　　　　　　□其他＿＿＿＿＿。
　　　　攻擊態樣：□使用槍枝　　　□使用刀械
　　　　　　　　　□使用棍棒　　　□徒手
　　　　　　　　　□其他：＿＿＿＿＿＿。

是否受傷：□否
　　　　　□是（受傷部位：＿＿＿＿＿。）
是否驗傷：□否
　　　　　□是（是否經醫療院所開具驗傷單？
　　　　　　　□否；　□是【請提供驗傷單】）。
對暴力行為有無具體描述？□無
　　　　　　　　　　　　　□有（請描述＿＿＿＿＿）
被害人是否覺得有生命危險？□否
　　　　　　　　　　　　　　□是（請描述原因＿＿＿＿
　　　　　　　　　　　　　　　　＿＿＿＿＿＿）

（五）被害人及其家庭成員是否遭受相對人恐嚇、脅迫、辱罵及其他精神上不法侵害？
　　　□否
　　　□是（其具體內容為：＿＿＿＿＿＿＿＿＿＿＿＿＿）

（六）被害人及其家庭成員是否遭受相對人經濟上控制、脅迫或其他經濟上不法侵害？
　　　□否
　　　□是（其具體內容為：＿＿＿＿＿＿＿＿＿＿＿＿＿）

（七）是否有任何財物毀損？
　　　□否
　　　□是（被毀損之物品為：＿＿＿＿＿、＿＿＿＿＿，屬於＿＿＿＿＿
　　　　　所有。【請提供證明文件】）

（八）相對人以前是否曾對被害人及其家庭成員實施暴力行為？
　　　□否
　　　□是（共＿＿＿次，距離本次事件之前，上次發生的時間：＿＿＿
　　　　　年＿＿＿月＿＿＿日，被害人＿＿＿＿＿＿，具體內容為：
　　　　　＿＿＿＿＿＿＿＿＿＿＿＿＿。）
　　　相對人以前是否曾因家庭暴力行為，經法院核發民事保護令？
　　　□否
　　　□是（共＿＿＿次，並請記載案號：○○法院○年度○字第○號
　　　　　民事裁定。）

（九）相對人以前是否曾以言詞、文字或其他方法恐嚇被害人不得報警
或尋求協助？
□否
□是

（十）相對人以前是否曾經接受治療或輔導：
□否
□是，□認知教育輔導　　□心理輔導
　　　□親職教育輔導　　□精神治療
　　　□戒癮治療（□酒精　□藥物濫用　□毒品　□其他
　　　_____）
　　　□其他_____
　　　　治療或輔導機構為：_____，成效如何？_____

（十一）被害人希望相對人交付物品之場所為：_____
_____。

（十二）被害人是否要求對其本人及子女的□住居所　□聯絡地址
□電話及手機　予以保密？
□否
□是

（十三）其他：(請敘明)

此 致	
○○○○地方法院（少年及家事法院）家事法庭 公鑒	
證 物 名 稱 及 件 數	一、證人姓名及住所： 二、證物：
中華民國　　　　年　　　　月　　　　日 　　　　　　　具狀人　　　　　　　　　簽名蓋章 　　　　　　　撰狀人　　　　　　　　　簽名蓋章	

聲請保密住居所資料附件

　　保護令聲請的過程中，如需填寫到住居處的住址或聯絡電話，若希望這些個資可以不要被對方知道，可以在住址或聯絡電話欄位中註明「保密（載於附件一）」，並填寫下表作為該附件，並用信封彌封起來，連同保護令聲請書狀一起遞件，這樣就可以請求法院特別為您保密您的住址及聯絡電話個資。

保密文件

附件一：聲請人或被害人住居所資料

說明：
一、 聲請人或被害人住居所資料聲請保密者，才有填寫本附件的必要。
二、 相對人實施家庭暴力行為的地點，或相對人的住居所位於本院轄區者，可無庸填寫本附件
三、 電話未填載於聲請者，請務必於本附件填寫，方便本院與您聯絡。
四、 本附件經填寫後，請予以密封。

聲請人住居所資料

住所：

居所：

電話：
（聲請人非被害人，請繼續填寫下欄。）

被害人住居所資料：

住所：

居所：

填表人：　　　　　　　　簽章

受暴家庭未成年子女辦理就學貸款轉介單

　　受暴家庭未成年子女申辦就學貸款，學生家長一方應提供具一年以內曾經受暴之證據（如：警察處理家庭暴力事件調查表或報案單、保護令或判決書影本，或政府立案之醫療院所開立之驗傷診斷證明書），並經家暴中心出具轉介單以密件函請承貸銀行辦理相關對保事宜。

轉介單位	轉介單位： 轉介日期： 地　　址： 聯 絡 人： 電　　話：
受轉介單位	單位名稱： 電　　話： 傳　　真：
承貸學生基本資料	學生姓名：　　　　　　　性別：　　　　出生日期： 身分證號碼： 就讀學校： 聯絡地址： 電　　話：
	法定代理人姓名：　　　　　　性別：　　　　出生日期： 身分證號碼：　　　　　　　　關係： 職　　業： 聯絡地址： 電　　話：
家庭狀況評估	受暴狀況敘述： 經濟狀況評估：

承辦人　　　　　　　　　業務主管

別讓買房變成你的惡夢

不動產交易不可不知的15種糾紛**實務判例**解析

可道律師事務所／編著　　定價380元

· 預售屋的樓中樓設計好誘人，
　買了才知道是二次施工的違建？

· 以為賣漏水屋被抓到頂多負責修復，
　哪知道有人因此被關？

· 即便合約裡特別註明，頂樓住戶
　也未必可以使用屋頂平台？

· 買到傾斜屋，除了要求解約，
　也可以向房仲索賠？

你正陷在土地房屋買賣糾紛的困境裡，不知如何脫身？
臺灣司法素有「援引前例」原則，
想解套，先看針對相關問題，法院怎麼判！

本書蒐羅房地買賣可能引發的各式糾紛個案，並引用判決，由律師逐一點出審判重點，
幫助讀者在購屋前建立足夠的相關背景知識，不讓買房美夢變惡夢！

苦於房地交易糾紛者必買：理解法官判決的思考路徑，找到於己有利的蒐證方向。
房屋仲介必備：關於房地買賣的種種問題、必備相關知識，從業人員必須知悉。
法律相關從業人員必參考：蒐羅各類判決，援引前例最佳參考指南。
有心買賣房地者必看：事先掌握各種地雷所在，有助於在房地交易中全身而退。

國家圖書館出版品預行編目資料

別讓離婚拖垮你的人生：夫妻離異、分配財產、取得未成年子女親權
不可不知的身分法實務判決解析/可道律師事務所 編著. -- 初版.
-- 台北市：商周出版，城邦文化出版：家庭傳媒城邦分公司發行；
2017.12　面：公分.

ISBN 978-986-477-360-2（平裝）

1.離婚　2.家庭關係

544.361　　　　　　　　　　　　　　106021553

別讓離婚拖垮你的人生：

夫妻離異、分配財產、取得未成年子女親權不可不知的身分法實務判決解析

編　著　者/可道律師事務所
責 任 編 輯/楊如玉

版　　　權/翁靜如
行 銷 業 務/李衍逸、黃崇華
總　經　理/彭之琬
發　行　人/何飛鵬
法 律 顧 問/元禾法律事務所王子文律師
出　　　版/商周出版
　　　　　　城邦文化事業股份有限公司
　　　　　　台北市中山區民生東路二段141號9樓
　　　　　　電話：(02) 2500-7008 傳真：(02) 2500-7759
　　　　　　E-mail：bwp.service@cite.com.tw
　　　　　　Blog：http://bwp25007008.pixnet.net/blog
發　　　行/英屬蓋曼群島商家庭傳媒股份有限公司城邦分公司
　　　　　　台北市中山區民生東路二段141號2樓
　　　　　　書虫客服務專線：02-25007718・02-25007719
　　　　　　24小時傳真服務：02-25001990・02-25001991
　　　　　　服務時間：週一至週五09:30-12:00・13:30-17:00
　　　　　　郵撥帳號：19863813　戶名：書虫股份有限公司
　　　　　　讀者服務信箱E-mail：service@readingclub.com.tw
　　　　　　歡迎光臨城邦讀書花園 網址：www.cite.com.tw
香 港 發 行 所/城邦（香港）出版集團有限公司
　　　　　　香港灣仔駱克道193號東超商業中心1樓
　　　　　　電話：(852) 25086231　傳真：(852) 25789337
馬 新 發 行 所/城邦(馬新)出版集團【Cité (M) Sdn. Bhd. (458372U)】
　　　　　　41, Jalan Radin Anum, Bandar Baru Sri Petaling,
　　　　　　57000 Kuala Lumpur, Malaysia
　　　　　　電話：(603)90578822　傳真：(603) 90576622
　　　　　　email:cite@cite.com.my

版 型 設 計/鍾瑩芳
封 面 設 計/黃聖文
排　　　版/新鑫電腦排版工作室
印　　　刷/高典印刷有限公司
經　銷　商/聯合發行股份有限公司
　　　　　　電話：(02) 2917-8022　傳真：(02) 2911-0053
　　　　　　地址：新北市231新店區寶橋路235巷6弄6號2樓

■2017年12月初版　　　　　　　　　　　　Printed in Taiwan
■2020年4月27日初版2.1刷
定價 360元

ISBN　978-986-477-360-2

104台北市民生東路二段141號2樓

英屬蓋曼群島商家庭傳媒股份有限公司　城邦分公司

- -

請沿虛線對摺，謝謝！

| 書號：BK5129 | 書名：別讓離婚拖垮你的人生 | 編碼： |

請於此處用膠水黏貼

 商周出版

讀者回函卡

感謝您購買我們出版的書籍！請費心填寫此回函卡，我們將不定期寄上城邦集團最新的出版訊息。

不定期好禮相贈！
立即加入：商周出版
Facebook 粉絲團

姓名：＿＿＿＿＿＿＿＿＿＿＿＿＿＿＿＿＿＿＿＿ 性別：□男 □女

生日：西元＿＿＿＿＿＿＿年＿＿＿＿＿月＿＿＿＿＿日

地址：＿＿＿＿＿＿＿＿＿＿＿＿＿＿＿＿＿＿＿＿＿＿＿＿＿

聯絡電話：＿＿＿＿＿＿＿＿＿＿ 傳真：＿＿＿＿＿＿＿＿＿＿

E-mail：

學歷：□ 1. 小學 □ 2. 國中 □ 3. 高中 □ 4. 大學 □ 5. 研究所以上

職業：□ 1. 學生 □ 2. 軍公教 □ 3. 服務 □ 4. 金融 □ 5. 製造 □ 6. 資訊

　　　□ 7. 傳播 □ 8. 自由業 □ 9. 農漁牧 □ 10. 家管 □ 11. 退休

　　　□ 12. 其他＿＿＿＿＿＿＿＿＿＿＿＿＿＿＿＿＿

您從何種方式得知本書消息？

　　　□ 1. 書店 □ 2. 網路 □ 3. 報紙 □ 4. 雜誌 □ 5. 廣播 □ 6. 電視

　　　□ 7. 親友推薦 □ 8. 其他＿＿＿＿＿＿＿＿＿＿

您通常以何種方式購書？

　　　□ 1. 書店 □ 2. 網路 □ 3. 傳真訂購 □ 4. 郵局劃撥 □ 5. 其他＿＿＿＿

您喜歡閱讀那些類別的書籍？

　　　□ 1. 財經商業 □ 2. 自然科學 □ 3. 歷史 □ 4. 法律 □ 5. 文學

　　　□ 6. 休閒旅遊 □ 7. 小說 □ 8. 人物傳記 □ 9. 生活、勵志 □ 10. 其他

對我們的建議：＿＿＿＿＿＿＿＿＿＿＿＿＿＿＿＿＿＿＿＿

＿＿＿＿＿＿＿＿＿＿＿＿＿＿＿＿＿＿＿＿＿＿＿＿＿＿＿

＿＿＿＿＿＿＿＿＿＿＿＿＿＿＿＿＿＿＿＿＿＿＿＿＿＿＿

請於此處用膠水黏貼